道家与企业创新管理

Taoists and Enterprise Innovative Management

徐 鸣 著

图书在版编目（CIP）数据

道家与企业创新管理/徐鸣著．—北京：经济管理出版社，2019.6

ISBN 978-7-5096-6553-4

Ⅰ.①道…　Ⅱ.①徐…　Ⅲ.①道家—哲学思想—应用—企业管理　Ⅳ.①F272

中国版本图书馆 CIP 数据核字（2019）第 084182 号

组稿编辑：杜　菲
责任编辑：杜　菲
责任印制：黄章平
责任校对：王淑卿

出版发行：经济管理出版社
（北京市海淀区北蜂窝 8 号中雅大厦 A 座 11 层　100038）
网　　址：www. E-mp. com. cn
电　　话：（010）51915602
印　　刷：三河市延风印装有限公司
经　　销：新华书店
开　　本：720mm×1000mm/16
印　　张：12.75
字　　数：235 千字
版　　次：2019 年 6 月第 1 版　2019 年 6 月第 1 次印刷
书　　号：ISBN 978-7-5096-6553-4
定　　价：78.00 元

总　序

为解决人类管理问题提供中国方案

文明因交流而多彩，文明因互鉴而丰富。共同建设美丽地球家园、共同构建人类命运共同体，需要推动跨国界、跨时空、跨文明的交流互鉴，从不同文明中寻求智慧、汲取营养，以文明交流超越文明隔阂、以文明互鉴超越文明冲突、以文明共存超越文明优越，推动人类文明进步和世界和平发展。

中华文明，是在中国大地上产生的文明，也是同其他文明不断交流互鉴而形成的文明，历经5000多年的历史变迁，始终一脉相承，是中华民族的精神血脉，需要薪火相传、代代守护，更需要与时俱进、勇于创新。今天，时代的进步推动中华文明创造性转化和创新性发展，激活其生命力，是摆在我们面前的重要课题。

当今时代，人类生活在不同文化、不同种族、不同肤色、不同宗教和不同社会制度所组成的世界中，各国人民形成了“你中有我、我中有你”的命运共同体。面对世界百年未有的大变局，面对全球经济治理中与日俱增的风险挑战，携手解决人类共同面临的各种挑战，中国发挥什么样的作用，成为全世界关注的焦点，也是摆在我们面前的重要课题。

70年来的奋斗实践，中国取得了举世瞩目的历史性成就，中华民族“站起来”“富起来”最终必然“强起来”的伟大复兴梦想正日益成为现实。国际上理性看待中国的人越来越多，为中国点赞的人也越来越多。进入新时代，中国管理学者必须增强底气、鼓起士气，树立世界眼光，立足中国大地，用中国理论解读中国实践，用中国话语讲好中国故事，为解决人类管理问题奉献中国智慧，为丰富人类管理思想提供中国方案，为改善人类管理实践展现中国力量，形成同我国综合国力相适应的国际话语权。

为此，我们一方面需要面向实践、瞻望未来，积极面对中外管理实践中面临的新情况、新问题、新挑战，汲取不同文明土壤中的管理思想，提出管理的新观点、新理论、新思想。另一方面也需要回顾历史、鉴古知今，系统整理中华优秀传统文化中所蕴含的管理思想，以中华民族独有的爱国精神、社会理想、生命境界、处世哲学、道德规范、心性修养和改革精神等为底蕴想问题、观大势、思管理。因为中华优秀传统文化一直是中华民族的力量之源、情感之源、动力之源和信心之源，也是今天治国理政、发展经济和改善管理实践的重要思想源泉。今天，中华优秀传统文化早已走向世界，越来越受到国际社会的认可，中华优秀传统文化中蕴含着解决当今国际社会共同面临的一系列管理难题的重要启示，值得全人类共同学习、珍视和爱护。

中国古代管理思想源远流长、博大精深。光辉灿烂的中华文明留下无数传世经典，凝聚着独具特色的中国管理智慧。中华民族修建万里长城、开凿大运河、治理黄河等伟大管理实践，也积累了丰富的管理经验。系统整理中国古代管理思想，用独特的视角、概念和精神提出不同于西方的管理理论体系，服务当代管理实践，已经成为时代的迫切需要，也是历史赋予当代中国管理学者的光荣使命。

正是基于以上认识，我们决定撰写《中国管理思想精粹》丛书，其核心目的有二：一是从现代管理的视角系统解读中华优秀传统文化中的管理思想，深入总结中国管理的经验与智慧，推动中国管理思想走向世界，提升中国文化软实力；二是系统总结中国古代企业经营和公共管理的实践，提炼出有别于美国式管理、日本式管理的中国管理模式，建构有中国特色、中国气派的现代管理理论体系，推动世界管理理论的创新与变革。

本丛书拟分为五辑：“（原）理”系列、“（朝）代”系列、“（学）派”系列、“（诸）子”系列、“商（帮）”系列，共20多本。“（原）理”系列，包括《中国管理思想史》《中国古典管理哲学》《中国管理学原理》等著作，主要是通过对于中国管理思想发展脉络的梳理和核心管理概念的创新，构建中国管理理论体系的基础。“（朝）代”系列，包括《先秦政府治理思想》《秦汉国家管理思想》《近代管理思想》等著作，主要是通过深入分析各个历史阶段的重要管理思想，展现中国管理思想的发展演变历史过程。“（学）派”系列，包括《兵家战略管理》《儒家行为管理》《儒家伦理管理》等著作，主要是通过对中国传统某一个学派的某类管理思想的专题剖析，准确传达各学派管理思想的精髓和当代运用要领。“（诸）子”系列，包括《老子管理思想》《孙子竞争战略》《管子管理思想》等著作，主要是通过对某个著名思想家或某部典籍的管理学构建，力求完整剖析和深入研究其某类管理思想。“商（帮）”系列，包括《赣商管理思想》《晋商管理思想》《徽商管理思想》等著作，主要是通过对中国古代不同商帮的商业竞争与企业经营思想的系统解读，提炼中国古代的企业经营管理智慧。

总体上，我们期望本套丛书能够体现以下几个特点：

第一，管理学与历史学视角的融合。既强调从管理学学科架构去分析中国古代管理思想，发现其内在的逻辑规律，为创立中国自己的管理理论提供重要支撑；又将中国古代管理文献视为确定的历史事实，通过研究者的工作还原不同历史时期的管理环境、管理实践和管理思想。管理思想的产生和发展也离不开环境的影响，历史学视角的研究将探讨中国管理思想与中国文明的关系，研究中国管理思想发展的内在规律，揭示中国古代管理思想与中国古代文明高度发达之间的关系。

第二，跨文化比较的视角。将中国古代管理思想视为人类有目的的思维活动的一部分，和西方管理思想一样，都是人类管理思维活动的集中体现。主要通过对不同社会文化背景中产生的管理思想、管理模式以及管理效果进行多维度的分析和比较，探讨它们之间的异同和不同文化背景中的管理理论与实践的可转移性。与此同时，通过内容分析与哲学思辨的方法，探究中国古代管理文献的思想意涵及其文化源流，比较其与西方管理思想之间的差异。

第三，多维立体的管理思想体系。既有对中国古代管理思想史的纵向梳理，又有对同一时期各个不同思想流派管理思想的横向探索；既有对管理哲学、管理原理等基础之基础的研究，也有对古代管理实践之解析。

本套丛书的撰写始于2008年，至今已逾十载，可谓“十年磨一剑”。丛书作者，是一批对中华优秀传统文化具有浓厚兴趣、有志于用中国古代管理思想为世界贡献智慧的学者。十年来，团队为了丛书的编写召开了20多次专题会议，出版社的编辑等多次参与丛书的讨论，许多博士、硕士研究生也为此付出了辛勤的汗水，在此一并表示感谢！丛书还得到了国家社会科学出版基金、国家出版基金的大力支持，对此，团队感到十分的欣慰和感激。

心怀梦想，勉力十年，但工作仍属起步，尚需不忘初心，笃力前行。希望我们的研究能够启迪广大读者的管理学习、管理研究和管理实践。当然，由于水平有限，我们的研究难免存在问题，敬请批评、指正，以求不断完善。

整理国故，弘扬中国管理文化是一项系统工程。中国古代管理思想中尚有许多经典命题亟待做出“创造型转化、创新性发展”，时不待我，但非一日之功，亟待当代中国人的文化自觉、责任担当，希望有更多学科越来越多的学者共同持续地努力。

吴照云

2019年4月2日

前言

当前的社会经济形态正在发生质的变化，10 年前经济学界发生的“新经济”之争，似乎已偃旗息鼓，但“新经济”正悄无声息地以“虚拟资本”横扫我们生活的各个角落。中国的一些经济学家认为：美元大幅度波动、国际石油价格剧烈震荡、全球粮食危机、次贷危机等所有这一切，都是由于“新经济”条件下金融“虚拟资本”的失控所致。这次全球性的经济危机表现为“虚拟经济”与“实体经济”的严重不协调，表现为金融“虚拟资本”对产业“实体资本”的侵蚀。“新经济”条件下的国际市场竞争呈现出新的动向，这不能不引起我国企业管理者的警惕。

在当代，企业的资本构成也正在发生质的变化。在一些企业中特别是在知识型企业中，物质资本的比重在不断下降，人力资本、智慧（智力）资本的比重越来越大，并在企业中起主导作用。阿曼德·菲根鲍姆在《管理资本的力量》一书中指出：“从技术和经济（如美国联邦储备委员会）角度来看，50 年前有形的‘硬资产’——建筑材料、机器设备和库房存货——占了美国非金融企业资产 78%的比例。今天，这一比例已经下降到了 53%（一个剧烈的下降），产生这一结果的原因则是在推动商业增长的过程中，品牌名称、科学技术、消费者和供应商关系、质量以及其他无形资产的影响作用越来越大。”

西方管理学的结构学派、能力学派和资源学派的发展与创新正是顺应了潮流的发展。20 世纪 80 年代，迈克尔·波特有关企业战略的研究一直强调资源、环境对竞争优势的影响，但到 90 年代，能力学派和资源学派此时对资源的界定不仅指企业外部的资源，还包括企业内部的资源，既包括有形的物质资源，也包括无形的人力、智力资源以及网络资源。所以，阿曼德·菲根鲍姆指出：“21 世纪公司获胜的管理模式应是建立在这样的领导和管理基础之上的，即在某些或更多的市场上，对能够产生附加值的无形资产和‘软资产’的理解和重视，要完全和‘硬资产’一样对待。这就改变了管理的含义、技巧、工具和重点。”

关于“硬资产”与“软资产”的运行与管理，在中国大陆学者中是被看作实体资本与虚拟资本的运行与管理的。自 1997 年东南亚金融危机后，以中国科学院成思危教授与南开大学虚拟经济研究中心为代表的经济学家们，在研究马克思“虚拟资本”理论的基础上，对当代社会经济生活中实体经济与虚拟经济、实体资本与虚拟资本的相互作用和波动，给予了广泛的关注和积极的探索。近十年来，每隔两年召开一次的全国虚拟经济研讨会，吸引了一大批中青年学者加入虚拟经济、虚拟资本理论的研究行列，并在默默耕耘中结出了累累硕果。

中国学者将“虚拟资本”界定为：“那些不具备传统资本的实物形态，而事实上却可以决定未来收入流的具有资本特性的东西。”“虚拟资本”理论的本质，是对那些不具备传统资本实物形态的东西进行“资本化定价”。过去十年，中国大多数“虚拟资本”研究者继承马克思传统，把“虚拟资本”研究的重点放在金融领域，主要研究货币、股票、期货与金融衍生品方面。有趣的是，虽然这些理论至今仍未被主流经济学所接受，仍处于非主流的地位，但却已经引起中国领导层的重视，并吸收进有关经济策略中，早在 2002 年中共十六大报告就首次提出要“正确处理虚拟经济和实体经济的关系”。

近年来，笔者尝试把“实体资本”与“虚拟资本”理论引入企业理论分析，认为“物质资本”等有形生产要素，属于“硬资产”——“实体资本”范畴，而“人力资本、智慧资本”等，由于它们阴柔无形，变幻莫测，所以属于“软资产”——“虚拟资本”范畴，并对此发表了多篇论文。

笔者认为，人力资本、智慧资本理论的提出，本质上是从微观视角提出了“虚拟资本”问题。西方管理学的结构学派、能力学派和资源学派对人力资本、智慧资本等“无形资产”的重视，本质上是对企业“虚拟资本”的重视，从某种意义上说它们的理论是建立在“虚拟资本”基础上的。

人力资本与智慧资本的理论目标，就是对企业中人力、智力（知识）这些过去被看作是费用或成本的、不具备传统企业资本实物形态的“软资产”进行“资本化定价”，以决定其未来收入流的预期。由企业人力资本、智慧资本、社会资本、金融资本等“虚拟资本”的交易而产生的“虚拟经济”，其定价方式在很大程度上取决于人们的预期和心理，它有别于实体经济的成本定价方式，这就使虚拟经济的价格体系必然呈现不规则的波动性，防范这类“虚拟资本”大起大落的波动，规避企业内外部的风险，保持企业竞争优势，正是中国当代企业管理理论学者的研究目标之一。

必须指出，从经济哲学的视角来看，中国学者关于虚拟经济、虚拟资本的探索，其理论内涵中闪耀着中国古代“道”哲学的光芒，蕴含着中国古代先哲们“道”哲学的隐喻，从中国“道”哲学的土壤中，有可能产生根植于我们中国本土的经济学和企业管理流派。

我们所处的新经济时代，也正在朝向中国古代先哲们的“道”哲学的隐喻发展变化，并为当代新经济学和企业管理理论的发展暗示了方向。从对企业有形的物质资源等“硬实力”的重视，发展到对企业无形的人力资源、智力资源等“软实力”的重视，人们正在对传统经济学和企业管理理论进行反思，而中国古代“道”哲学为我们的经济学和企业理论的创新提供了指路明灯。

本书分为八个部分，由绪言和七个章节构成：

绪言　“道”与21世纪的企业管理：创新管理。我们所处的新经济时代，正在朝向中国古代先哲们的“道”哲学的隐喻发展变化，正确处理“实”与“虚”、“阴”与“阳”的关系是当代世界经济的核心问题。知识、信息、网络都属于“阴”性的无形资源和虚拟资本。所以，“新经济”其本质是以虚拟经济和虚拟资本为主导力量的经济，正确处理实体经济与虚拟经济、实体资本与虚拟资本的运行与管理，正确处理经济中“实”与“虚”、“阴”与“阳”的关系，激发企业员工的创新潜能，是新经济时代企业管理的重中之重。在传统工业经济时代，人们重视的是实体经济和实体资本，有点重“实”轻“虚”，相应地在企业管理方法上，注重“硬资源”，而忽视“软资源”。在信息经济时代，人们越来越重视虚拟经济和虚拟资本，企业管理方法在注重“硬资源”的同时，更加重视“软资源”的作用。企业声誉、品牌、科技、组织结构、业务流程、客户关系和供应商关系、信息技术系统以及金融资本等无形资产都是与人们心灵、心理、预期有关的“虚拟资本”，它们形成了企业的核心竞争力，而要获取这种核心竞争力就在于企业对创新的有效管理。

第一章　“道”与管理学的渊源。中国文化源远流长，具有深厚的历史底蕴和深邃的科学智慧，其对于宇宙万物“道”的阐释与追求，其“阴阳”和“象、数、理”的分析模型和方法，其对于不同事物与价值观的包容与尊重，其对人与自然、人与人、人自身三个层面“和谐与统一”的关系建构，极大地促进了古代社会的发展。本章从管理的视角来探索《周易》的形成与中国管理思想的起源。从伏羲画卦、黄帝统一历法、文王演周易的视角论述了中华管理思想的起源和脉络，并从“道”对中国历代国家管理的影响，以及对西方经济管理思想的影响进行了阐述。

第二章 “阴阳之道”：企业理论的演化创新。要搞好企业管理，首先要清楚企业是什么？张五常说：“我们不知道企业究竟是什么。”为什么企业能存在？企业的边界在哪儿？没有人问我们时，我们似乎知道，当有人问我们时，我们想回答，却茫然不知所措。这个看上去十分简单的问题，已经令经济学家们头痛地争论了几十年。当我们回顾企业理论的历史发展过程，企业犹如一个深不可测的“黑箱”，各派学术观点众说纷纭，要打开企业这个“黑箱”，中国的“道”哲学为我们提供了方法论工具，那就是顺应“阴阳”。从企业理论的发展史可以看到，企业理论的发展经历了新古典经济学理论、新制度经济学理论以及演化经济学理论等阶段。整体而言，企业理论的发展经历了一个由“阳”至“阴”，最后达到“阴阳和合”的演进过程，并最终显示了把企业中“有形”和“实体”资源与“无形”和“虚拟”资源结合起来考察分析的趋势，也越来越接近现实企业的本质。我们认为，企业理论未来发展的方向是理论的融合，只有这样才能全面地考察和管理企业。

第三章 “有无相生”：当代企业资本及其演化。我们说构成企业本体的基本要素是资本，它是经济学中最重要而又内涵丰富的概念。“资本”概念的内涵在一百多年来，不断地丰富，不断地发展。我们今天用“道”哲学来反观，就可以发现其经历了一个从“无”到“有”，然后又从“实”到“虚”的发展演变过程，最终形成了当代林林总总的“资本”与“虚拟资本”的概念。本章从“有无相生”的演化观，对马克思和西方学者关于企业资本与虚拟资本理论的观点进行了阐述，并对西方的“智力资本”观点进行了批判，提出了与其不同的“智慧资本”概念。最后，对企业虚拟资本的特性进行了论述。

第四章 “三生万物”：当代企业的本体要素。随着知识经济时代的到来，从各种迹象来看，新经济正在引发一次“资本理论革命”，物质资本、人力资本、智力资本、社会资本、文化资本、制度资本、道德资本、创新资本等新的资本概念纷纷涌现。随着新的研究领域的开拓及其一系列新概念的提出，我们似乎有点手足无措，大有“剪不断，理还乱”之感。对于这些“新的资本概念”来说，当前迫切需要解决的一个基本问题是“资本分界”的问题，即如何把这些“剪不断，理还乱”的资本概念划清其性质、边界和层次。2000年前老子的“道”哲学为当代的“资本分界”问题提供了本体论的思路，若把老子“三生万物”与波普尔的“世界3”哲学结合起来，就能较清晰地厘清“资本分界”问题。在本章笔者提出一个综合性的假设：这个假设是基于老子的本体论——“三生万物”、方法论——“阴阳和合”基础上的。从老子“三生万物”和卡尔·波普尔“世界3”的哲学观点，来理解物质资本、人力资本、智慧（智力）资本等概念的分界及性质，并由这“资本三要素”的基础概念，推导出了一系列目前经济学和管理学中流行的新的资本概念和形态，进而揭示了当代企业理论中各类资本概念的总体构成和层次，回答了“资本分界”问题。在此基础上，进一步剖析了企业实体资本与虚拟资本的演化规律，建构了“实体资本与虚拟资本阴阳结构模型”和“资本太极图”；通过“资本太极图”的演绎，提出了企业实体资本与虚拟资本的循环观。

第五章　“道法自然”：人力资本的创新管理。老子的“道法自然”、“无为而治”理念，在现代管理中多被应用于人力资本的管理，特别是对知识型员工的管理，其对于激发人力资本的创新和发展具有重要意义。人力资本是指企业员工所具有的各种技能与知识，是创造智慧资本的来源，它以潜在的、非编码的方式存在，且归员工个人所有，深刻地反映了“人力资本”的真正内涵。所以，从某种意义上说，我们可以认为人力资本本质上是一类能使时间更有效率并能带来利润的“意识流”或“生命流”，老子的“道法自然”、“无为而治”正是激发这种“意识流”或“生命流”创造力的法宝。

第六章　“盛德日新”：智慧资本的创新管理。在当代，财富的新源泉不是物质，而是能够用来增加价值的信息和知识。很明显，现代公司的真正价值无法用传统的会计准则来衡量。英特尔或微软公司的价值并不是建立在砖头和水泥之上的，更不是在存货之上，而是建立在另外一些看不见的资产之上，那就是：智慧资本。《周易·系辞上传》说“富有之谓大业，日新之谓盛德”，智慧资本的本质就体现在这“富有”和“日新”上。“富有”不仅是指物质资源的富有，还包括精神和智慧资源的富有，包括员工的奉献精神，这样才能成就大业；“日新”不仅是指通过学习接受新鲜事物，而是要不断创造创新，为企业和社会贡献聪明才智，这才是高尚的品德。物质资本和人力资本，关注的都是个体行动者的投资和收益，并将“资本”视为随机分布在社会中的独立要素，即资本被看作是独立于社会结构之外的投资和再生产。而智慧资本是嵌入在人与人之间的互动与联系中的，并不只限于个体独享，而是集体共享的产物。所以，“富有”和“日新”对于企业智慧资本的创造创新来说是并行不悖的源泉。

从创新管理理论来看，“智慧资本”的创造与分享是非常重要的，创造和分享新信息构成了现代企业竞争优势的核心，这促进了企业管理理论的集成创新观的形成。集成创新观认为，集成创新是自主创新的一个重要内容，是一种创造性的融合过程，它把知识、技术、组织、管理各个已有的单项要素有机地组合起来、融会贯通，构成一种新的经营管理方式或新产品，创造出企业新的经济增长点。

第七章　“不争善胜”：社会资本的创新管理。随着市场竞争的日益激烈，可以发现企业之间以及企业内部成员之间运行良好的社会关系网络——“社会资本”，是当代企业发展的最重要的核心竞争力。老子在《道德经》中说：“天之道，不争而善胜，不言而善应。”其本质意思是，其上天的法则是：不用争斗却善于取得胜利，社会资本的本质是“不争而善胜”，但这个胜利不是争斗来的，而是通过合作、联盟、组织网络获取的，其“善胜”的精髓是“双赢”；而社会资本的特点是“不言而善应”，在社会资本网络中的新观念、新技术不用去宣扬，其组织和个人会自愿响应、自愿学习和传播；而通过社会资本形成的企业集群有“不召而自来”的发展过程，即通过社会资本网络而联结起来的产业和企业集群大多数是自然聚集、自然形成的。《道德经》所阐述的哲理与当代理论界的“社会资本”概念暗合，一个企业若能按老子的名言去做，它将获取巨大的社会资本，并形成可持续的企业核心竞争力。距今2000多年前老子的名言至今仍旧光华灿烂，我们不能不惊叹老子的伟大。

徐鸣
2018年10月
于江西财经大学

Foreword

In the latest decade of the real economic life, the interaction and fluctuation between the entity economy and the virtual economy and between the entity capital and the virtual capital have attracted great attention and active researches from some non-mainstream economists in China. From the perspective of economic philosophy, all of their researches seem to have a same direction, i. e., to develop and change towards the value orientation and methodology held by ancient Chinese scholars in their philosophy of Taoist "Tao". In the past decade, Chinese scholars have perceived the correlation between the "root" of the modern economics and the ancient Chinese philosophic "Tao". This book attempts to employ the ancient Chinese "Tao" and Karl Popper's "World 3" to explore the factors and composition of capital in contemporary economics and put forward the idea of the contemporary "capital boundary".

In the capital category of contemporary economics, capital has been divided into two parts, one is the entity capital as the "hard capital" and the other is the virtual capital as the "soft capital". The two parts are founded on the "three elements of capital" – physical capital (Capital 1), human capital (Capital 2) and intellectual capital (Capital 3). From the view of scientific methodology, this book believes that the idea of "three things gave birth to all things" by Lao Zi and the concept of "World 3" by Carl Popper have provided a unique perspective for us to understand the definition and nature of such concepts as physical capital, human capital, and intellectual capital. Based on the conception of the three capital elements of physical capital (Capital 1), human capital (Capital 2) and intellectual capital (Capital 3), this book deduces a series of new conceptions and shapes of capital which are fashionable in the present economics. It also constructs a capital model of Yin Yang Structure for entity capital and virtual capital, from which the boundary and level of the entity capital and the virtual capital can be clearly distinguished. On this basis, this paper constructs a "Figure of Capital Taiji" and offers a circular viewpoint for the entity capital and the virtual capital. Then the characteristics of the virtual capital are discussed. Finally it gives a detailed discourse on the innovative management of such virtual capitals in the enterprises as human capital, intellectual capital and social capital respectively. The following is an introduction to the main points of the book.

Ⅰ Marxian Fictitious Capital Theory and Metaphor of Taoist "Tao" Philosophy

Fictitious Capital was first defined in Marx No. 5 piece of 3 volume of *profit divided into interests and major income enterprise of Das Kapital*, [①]in the book he pointed out that "The bond is still a pure capital of fictitious capital; the illusion of this capital will disappear once the bonds can't be sold". However, we will immediately learn that such Fictitious Capital has its unique movement. He also argued "the formation of Fictitious Capital was called Capitalization".

The Fictitious Capital theories analyzed by Marx were mainly focused on bonds and stocks of financial capital scopes. Present Chinese non-mainstream economic scholars also discuss this issue centered on financial capital scopes. Research scopes mainly refer to bones, stocks, futures and other financial derivatives. In my personal view, research on fictitious capital can not be constrained to financial capital scopes.

Definition of human capital and intellect capital theories essentially put forward the problem of fictitious capital from micro perspective.

Fictitious capital refers to physical form without traditional capital, while it can actually determine the future income flow and have capital characteristics. In the meantime, introduction of human capital and intellect capital conducted Capitalization

① Marx putted forward the concept of "fictitious capital" from the financial point of view on Capital (Ⅲ), which is the "fiktives kapital" in German with the false and unreal implications. At present, Chinese scholars followed the Marx concept on "fictitious capital", but I think that the "virtual capital" is more accurate, because the "virtual capital" is substantial, not false and unreal, it related closely with the human mind, not only reflects the financial capital with people's expectations and confidence, but also reflects the human capital, intellect capital, social capital and other capital with people's imagination, creativity, practice, network. As Chinese scholars follow the concept of "fictitious capital", I still use the concept of "fictitious capital" in the paper so as to consistent with the academic.

pricing on human resources and intellect which were regarded as fees, cost or physical form articles without traditional capital so as to determine its expectation of future income flow. It should be the new development of Marxian Fictitious Capital Theory in contemporary time.

From the angle of economic philosophy, Chinese scholars exploration between entity economy and fictitious economy as well as entity capital and fictitious capital, theory of which enriches philosophy of Chinese Taoist "Tao" and contains philosophic metaphor of Taoist "Tao" of Chinese ancient sages. Regarding metaphor, Geoffrey. M. Hodgson said: "metaphor is not a sort of ornament; it is an indispensable means for constitution and classification of our thought." A series of "miracles" and problems emerging in contemporary economic tendency and china's economic development have presented a series of elusive riddles. Particularly the global financial economic crisis incurred by deviation between American fictitious economy and entity economy demanded people to rethink on traditional economics and make scientific interpretation on new economic phenomenon. Contemporary socioeconomic development tide is increasingly oriented to develop from the direction of metaphor of Taoist "Tao" of Chinese ancient sages while Chinese ancient Taoist philosophy enlightens our economics' innovation.

Ⅱ During the Change, All the Things Have Their Backs to the Yin and Stand Facing the Yang: Watershed between Entity Capital and Fictitious Capital

With the coming of knowledge economy, economics is ushering new era. All kinds of signs show that new economy is triggering a revolution of capital theory and capitals in terms of material capital, human capital, intellect capital, social capital, cultural capital and institution capital etc emerged. With extending of new research realm and introduction of a series of new concepts, economists may feel confused.

A fundamental problem pressing for economists to approach is the issue of capital watershed. Whereas concerning the solving of issue of capital watershed, we should first discuss the fundamental component factor from the angle of principal argumentation and then deduce other capital types based on the capital factor.

From the perspective of principal argumentation, Laozi's metaphor of "the three produced all the things" provided philosophic thinking for contemporary issue of capital watershed. His concept of "the three produced all the things" reflected Three Factors of Capitals, namely, material capital, human capital and intellect capital as fundamental factor and the original power to facilitate social development of human beings (The author argued this perspective in the article of *Taoist interpretation on entity economy and fictitious economy*). Although the concept of capital emerged in the wake of birth of market economy, it accompanied human to develop from ancient time to present time.

It is well acknowledged that Taoist Tao is extensively applied in general public but less learnt by people. It is the interaction among Three Factors of Capitals that created everything of mankind society and propel human development from husbandry era to today's information society, which firmly proved the Laozi's profound thought of "The one developed into two, one yang and the other one, yin. Later the two mixed themselves to become three. And the three produced all the things".

If integrating Laozi's metaphor of "during the change, all the things have their backs to the yin and stand facing the yang" with the research on entity capital and fictitious capital we can scientifically clarify the issue of capital watershed. Laozi said "during the change, all the things have their backs to the yin and stand facing the yang". Through union with the life force they blend in harmony. Capital still belongs to the realm of everything, hence it absolutely embodies the attribute of "all the things have their backs to the yin and stand facing the yang", Chinese non-mainstream scholar's analysis on entity capital and fictitious capital has fully reflected this opinion.

Generally, capital that people called refers to entity capital (material capital) which is composed of physical capital and currency capital. It is hard capital which is visible and touchable; we define it as Yang capital. However, we think that fictitious capital should include human capital, intellect capital and financial capital; we also define it as Yin capital because it is soft capital which is invisible and unpredictable.

In the following contents, the author try Ying and Yang structure to analyze and specify the boundary and relationship between entity capital and fictitious capital based on Three Factors of Capitals of material capital, human capital and intellect capital. To this end, the author presents a structure model of entity capital and fictitious capital (Please see picture one).

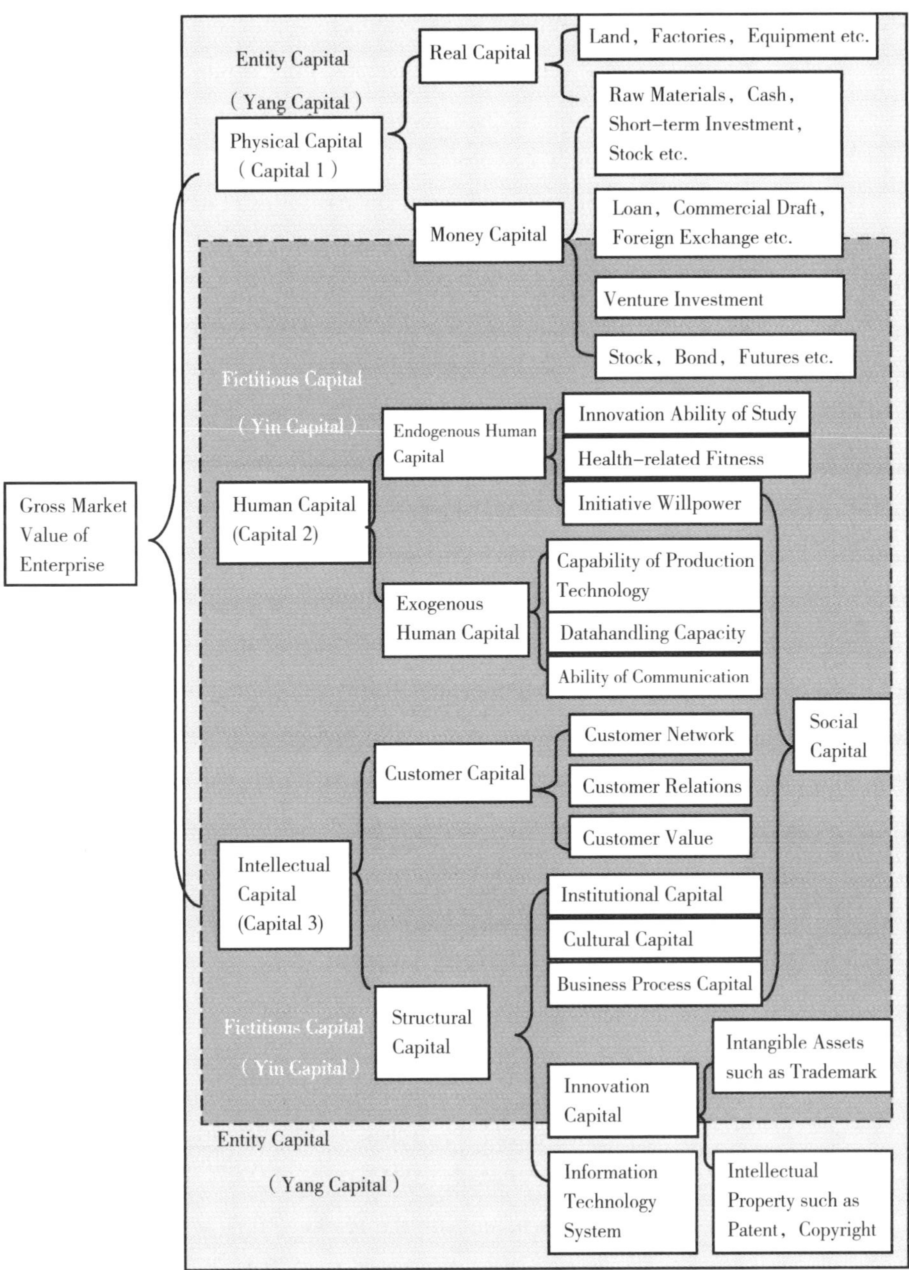

Picture One　Yin Yang Picture of Capital Structure

We can see from picture one: Three Factors of Capitals of material capital (capital 1), human capital (capital 2) and intellect capital (capital 3) etc can be divided into two parts ① Yang attribute (light color) entity capital; ② Yin attribute (deep color) fictitious capital. Entity capital consists of physical capital and currency capital; fictitious capital is mainly composed of human capital, intellect capital.

On the basis of this clarification, we can deduce a series of new capital concepts and forms like financial capital, social capital, institution capital, customer capital, cultural capital and innovation capital etc. We can clearly differentiate the structure and layer of fictitious capital and entity capital and conspicuously clarify their boundary and relationship from the picture.

We can learn from picture one: the boundary of fictitious capital and entity capital can be differentiated, but some factors of them can be inter-converted in fictitious capital and entity capital. For instance, currency capital belongs to entity capital of Yang attribute but it can be converted into financial capital such as bank lending capital, stocks, bonds and future etc., after that it forms fictitious capital of Yin attribute. Therefore, the author specify currency capital at the boundary of entity capital and fictitious capital; innovation capital of intellect capital belongs to fictitious capital of Yin attribute, when itconverts into intellectual property rights like patentand copy right etc., in the wake of that it converts into entity capital of Yang attribute, they are also specified at the boundary of entity capital and fictitious capital.

Ⅲ The Deduction of Taiji Picture of Capital and Circling Outlook of Entity Capital and Fictitious Capital

ⅰ. Taiji Picture of Capital

Laozi's remarks in *The Classic Book of Tao and Teh* "In the beginning, the universal Pricinple produced only one form. The one developed into two, one yang and the other one, yin. Later the two mixed themselves to become three. And the three produced all the things. During the change, all the things have their backs to the yin and stand facing the yang. Through union with the life force they blend in harmony", which is actually regarded as a perfect interpretation to Taiji Picture.

Taiji Picture is an important picture for studying the principle of *The Book of Change* because it contains common law of every. Hence some people call it mode of cosmos and lighthouse of science. During the process of demarcation of Yin Yang Structure Model of entity capital and fictitious capital, the author comprehended suddenly that this kind of demarcation would be more concise and persuasive if using Taiji Picture to depict it (Please see picture two).

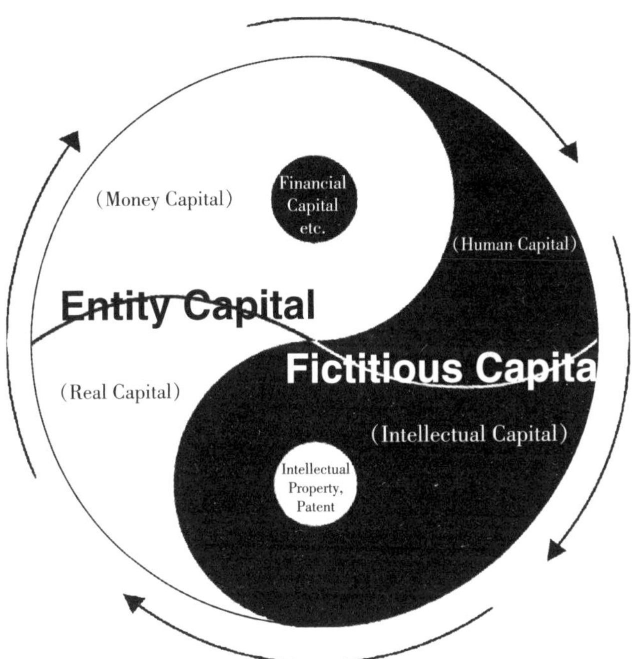

Picture Two　Taiji Picture of Capital

If we see capital as a Yin-Yang Taiji (Yin-Yang Taiji fish), Yang part represents entity capital while Yin part represents fictitious capital. The author divides the Yang part into two categories: Physical capital and currency capital; Yin part: Human capital and intellect capital.

Firstly, entity capital of Yang attribute shows that the flow direction of fund determines orientation of economic development due to the pace-setting role of contemporary economic currency capital. Consequently the author put the currency on the head of the Yang fish whereas physical on the end of the Yang fish (entity capital). Most importantly, fish eye of Yang fish is yin, soft, formless and unpredictable financial capital demarcated in the fish's eye, which is perfectly and vividly illustrated the conversion of currency capital of Yang attribute or the nature of financial capital of Yin attribute and represented the conversion of entity capital or the Relationship of fictitious capital with Yang including Yin.

Secondly, in view of fictitious capital of Yin attribute, intellect capital play a leading role in contemporary economy and it become the powerhouse of nowadays economic development, resulting in people's growing feeling of intellect capital overweighting human capital. Therefore, the author demarcates intellect capital on the fish head of Taiji Yin fish (fictitious capital), human capital on the end of the fish, which is in subordinate position. Yin fish's eye is Yang attribute which is paramount. Intellect capital like information system, patent, copy rights and IPR etc. derived from innovation capital belong to Yang attribute capital is just demarcated here. It appropriately reflects conversion of intellect capital of Yin attribute or relationship of inclusion of the nature of innovation capital like information system, patent, copy rights etc. and also the conversion of fictitious capital or the relationship of entity capital with Yin including Yang.

Thirdly, Yin and Yang can continue to be demarcated between entity capital and fictitious capital. In entity capital, physical capital is Yang attribute and currency capital is Yin attribute; in fictitious capital, intellect capital Yang attribute, human capital Yin attribute. By this, they can be further demarcated.

ii. "Through Union with the Life Force They Blend in Harmony": Circling Outlook of Entity Capital and Fictitious Capital

Taiji Picture of Capital can be regarded as a way to reflect "Wuji produced Taiji, Taiji produced Liangyi and Liangyi produced Sixiang" from economics view. Looking back human development history, capital was emerged from nothingness. Nevertheless, capital can be divided into entity capital and fictitious capital. From today's perspective, it is the Yin and Yang interaction between entity capital and fictitious capital that has boosted growing development of human society. Though the word "capital" were emerged late in mankind history, as Taoist "Tao" it accompanied human being from ancient time to nowadays.

Zhuangzi said: "I learnt Yin and Yang", "I also herald harmony of Yin and Yang", which profoundly expressed ancient sages' comprehension of complementary, coordination and balance on Yin and Yang as well as seek of harmony of Yin and

Yang. To play a wonderful music, it is necessary to play musical instruments in accordance with the yin and yang of "harmony"; similarly, only response to reconcile and comply with the yin and yang can meet the needs of everything.

Here the author would like to present a new outlook of capital cycling. We can comprehend capital cycling of entity capital and fictitious capital of an enterprise or a country (please see picture two) if learning "Tao" of new capital cycling from the perspective of "through union with the life force they blend in harmony".

Economic development stems from the integration and interaction of entity capital and fictitious capital, namely, the union of Yin capital and Yang capital. Integration and interaction of Three Factors of Capitals including material capital (physical capital and currency capital), human capital and intellect capital first promoted the growth and development of physical capital so as to further expedite the development and flourishing of currency capital; development and flourishing of currency capital signified wealth, further advancing constant improvement of people's material living and cultural education. It irrefutably promotes the growth and development of human resources; the growth and development of human resources will advance theoretical innovation and scientific and technological revolution and promote the expansion and development of intellect capital; the expansion and development of intellect capital will further promote the enrichment and growth of physical capital in contrary. Rising and dropping as well as fluctuation and balance of entity capital and fictitious capital constitute different economic cycle; by cycling like this Taiji Picture of Capital has briefly and gracefully described human being's socioeconomic development scenery.

It is must be emphasized that our new outlook of capital mainly concerns: The cycling developing goal of entity capital and fictitious capital is to achieve "harmony" via good interactive relationship. Only by attaining "During the change, all the things have their backs to the yin and stand facing the yang. Through union with the life force they blend in harmony" can an enterprise or a country materialize sustainable development. Whereas attaining this goal, it is of vital importance implementing "surplus one should give while deficient one should get" to accomplish harmony and promptly adjust economic policies and rules.

Ⅳ. The Fictitious Capital of the Attributes: Capital Boundaries Based on

We have examined the above elements of contemporary capital, and the nature and use of ancient philosophers, "yin and yang", the metaphor for this speech of the various types of capital, the concept of boundaries. However, this is not enough, we must distinguish from the perspective of the capital property to argue that boundaries are reasonable. Because only the things we attribute similar to its identified as the same, which is the basic principle of the boundaries of things.

Fictitious capital is built on the basis of physical capital, "negative capital", but the essential attribute of academia rarely elaborated. Fictitious the proposed capital and physical capital, there are fundamentally different, we must break the traditional definition of capital property in order to truly understand the nature of the fictitious capital of the most important attributes, and the above "capital divide" to provide a basis for this writer the nature of the fictitious capital of attribute to make the following points immature views:

ⅰ. Fictitious Capital Value of Uncertainty

We can see, the fictitious capital from financial assets, venture capital, human capital, customer capital, institutional capital, cultural capital, business processes, capital and other intangible assets, the composition of these "soft capital" value depends on their imagination edge, expectations or incentives, implies a very strong psychological factors, and therefore uncertain. In an uncertain world, the accident is inevitable, is expected to have important significance for the economic consequences. From the "intellectual capital" point of view, the capital of pricing, so that "intellectual capital", the price tends to have a "butterfly effect", while their costs are often negligible, but the risk in case they might be likely to plummet. From the "human capital" perspective, Zhou Qi Ren called "human capital, property rights, once damaged, devalued, or its assets immediately disappeared", which is "human capital" value of the uncertainty; from the financial Capital and its derivatives of view, the uncertainty of its value even more pronounced.

ⅱ. The Fictitious Capital of the Mortgage Does Not Have the Full Functionality

Uncertainty of the value of fictitious capital, decided that they do not have a complete mortgage features. Zhang Weiying from human capital, such as the "inseparability" demonstrated that the "human capital" non-mortgage nature . Some of the "intellectual capital" although through the technical treatment, can also have a mortgage features, such as certain patents, copyrights, trademarks and other intellectual property rights (which is why I put them as physical capital), but most do not have the full mortgage function, in particular-specific "human capital" and "intellectual capital" would be as the business collapsed, vanishing in an instant. This is one of the major characteristics of fictitious capital.

ⅲ. The Residual Value of the Fictitious Capital of Circuitous Claims

As a capital, surplus value must have the right to obtain, but the fictitious capital of the surplus value obtained from the right, is to take circuitous.

Way to achieve. From the financial capital of view, such as the option contract holder, if their cash as stocks or bonds, capital, financial products, participate in dividend stocks or bonds, dividends, they have the right to obtain a copy of the company's profits. From the "human capital" and "intellectual capital" point of view, they must go through multiple indirect conversion, the final stock, options or bonds in the form to reflect their own property, which has a residual value claims.

ⅳ. The Trend of Increasing Returns Fictitious Capital

In the long run, the fictitious capital has the trend of increasing returns. In terms of "human capital" and "intellectual capital" perspective, or from the "social capital" or the financial capital of view, they are different from physical capital and lies: their use not only do not consume them, and will bring rewards increments, on the contrary, if not to use them, then they are consumed faster. I think that Marshall was first in the "Principles of Economics" and pointed out the "fictitious capital" the tendency of increasing returns, though he himself did not realize this. "Nature works to demonstrate the production of the tendency of diminishing returns, while the production of human work shows a tendency of increasing returns." here can be understood as "natural role of production" in essence refers to "physical capital" played a leading role in production; and "who play a role in producing" essentially refers to the "human capital", "intellectual capital", "social capital" or financial derivatives, such as the fictitious capital play a leading role in production. The contemporary "new economy" fully reflects the dominant role of such fictitious capital of production, thereby increasing returns economy is showing a trend.

In addition, the fictitious movement of capital can only exist in the non-balanced market. As Schultz said: "The increasing returns activities in general equilibrium theory of the axiomatic core of the analysis does not exist. Because no matter what kind of increasing returns implies the existence of some kind of imbalance. And this imbalance occurs, it means there is from the reallocation of resources in the profit opportunity". Nankai University, Professor Liu Junmin on the definition of the fictitious economy, said: "capital of price-based, supported by the psychological and the concept of the price system, and its operating characteristic is inherently volatile." I believe that "has the inherent volatility of" fictitious economy that is mainly from the perspective of non-equilibrium study, the fictitious capital of the sports have existed in the non-balanced market.

V. Fictitious Capital Has the "External Effect"

From the perspective of human capital, when a worker to grow into a successful company president, his labor from the concrete labor to abstract the complexity of work, his human capital embodied in the space of the renewal of deposit: that is, his human capital in a unit time, employees can simultaneously guide the enterprises to complete many of the production operation, his time had become more efficient and produce the "external effect", his time in the future may be individuals, businesses, social the additional wealth and uncertain revenue streams. Of course, this is by his human capital, structural capital and business combined to push, but he's human capital is the only way to make time to become more efficient factor of production. At this time he personally put a certain period of time for the work of labor and economic behavior, one more thing is to consider that he could provide individuals, businesses, social wealth brought by the additional income and social benefits, and thus determine his remuneration and the income. When his human capital created by the advanced management methods if they are foreign enterprises or individuals to learn to imitate, his human capital, gave rise to "external effect". Schultz once Direct said: "Lucas human capital" external effect "of this concept gives the central role. This external spillover effects from one person to another person, where there: all different skill levels of people higher human capital, environment, productivity will be higher, because human capital enhances the productivity of labor and physical capital."

Last but not least, the author would like to arrive at conclusion by quoting chapter eleven of *The Classic Book of Tao and Teh.*

"Thirty spokes make a wheel; yet it is the space between spokes that makes the wheel move. A potter fashions clay into vessels; yet it is the hollowness within the vessel that can be used to hold things. A carpenter makes doors and windows to build a house, yet it is rooms – the emptiness – within the building for people to live in. Therefore, the "existence" serves people's convenience, yet it is the "emptiness" (space, hollowness, and rooms) that brings people practical use. Laozi used three comparisons to interpret the relationship between "existence" and "nothingness", "entity" and "fictitious" in this chapter. Hence "existence" – tangible things (entity) has brought benefits and convenience to mankind whereas "nothingness" – intangible things (fictitious) have greater effects. It is "nothingness (fictitious)" that enables "existence (entity)" to play its role. Laozi used this to explain that effects of materials can be taken in that coexistence and integration of "existence (entity)" and "nothingness (fictitious)".

Mr. Cheng Siwei former vice Chairman of Standing Committee of National People's Congress stressed in an article *exploration on fictitious economy*: "From the perspective of systematic science, fictitious economy is correspondent to entity economy and both of them are existing economic activity (including structure and evolution) mode in economic system. Entity economy can be compared to the hardware of economy; fictitious economy the software of economy. They are interdependent. It could unequivocally reflect Chinese ancient Taoist "Tao" from the angle of economics. In the times of industrious economy, people attached importance to entity economy with "entity" overweighing "fictitious". Fictitious economy plays its role in information economy. Therefore, only "existence" and "nothingness" coexists and "Yin" and "Yang" integrates, "during the change, all the things have their backs to the yin and stand facing the yang. Through union with the life force they blend in harmony" can ensure harmonious human socioeconomic development.

"The Way that can be told of is not an Unvarying Way". If the "Way" can be expressed with language, then it is not an eternal "Way". Kuhn, the philosopher of science, once said that the development of scientific theories is always the process of a new paradigm replacing the old one, scientists of different paradigms would see the world differently. Hopefully, the main points of this book can provide a new theoretical perspective for academic colleagues. Of course, there are many shortcomings in this book; it will be greatly appreciated if the readers can offer any valuable suggestions and comments. Letters can be sent by E-mail to xum89@163.com.

目　录

Contents

绪　言　“道”与21世纪的企业管理：创新管理

三十辐共一毂，当其无，有车之用。埏埴以为器，当其无，有器之用。凿户牖以为室，当其无，有室之用。故有之以为利，无之以为用。

——《老子》第11章

第一节
“新经济”之“道”：实现企业对创新的有效管理

我们正在进入一个崭新的时代，有人称这个时代为“新经济”时代，也有人称为知识经济时代、信息经济时代，而比尔·盖茨称为“十倍速变化”时代。一方面，知识、技术与信息正以比过去十倍的速度在创造和生产着；另一方面，知识、技术与信息正以比过去十倍的速度在传播和聚集着。在此要强调的是：我们身处的“新经济”时代，正在朝向中国古代先哲们的“道”哲学的隐喻发展变化，正确处理“实”与“虚”、“阴”与“阳”的关系是当代世界经济的核心问题。

“新经济”一词最早是在1996年的美国《商业周刊》第12期上正式提出的，当时《商业周刊》发表了一系列文章，认为在现实经济生活中已出现一种全新的经济形态，仅仅用知识经济或信息经济都难以涵盖它的内涵，他们称为“新经济”。

知识、信息、网络都属于“阴”性的无形资源和虚拟资本。所以，“新经济”的本质是以虚拟经济和虚拟资本为主导力量的经济，正确处理实体经济与虚拟经济、实体资本与虚拟资本的运行与管理，正确处理经济中的“实”与“虚”、“阴”与“阳”的关系，激发企业员工的创新潜能，是“新经济”时代企业管理的重中之重。

“实”与“虚”、“阴”与“阳”的关系是中国古代“道”哲学的一对核心概念。“实”与“虚”、“阴”与“阳”是对立统一或矛盾关系中的两个不同形态、属性的一种哲学或逻辑范畴的概括，它是两事物或一事物中相互依赖、相互联系，又相互对立、相互排斥、相互否定、相反相成的一对并列的元概念，故有“一阴一阳之谓道”之说。

《道德经》第11章指出：“三十辐共一毂，当其无，有车之用。埏埴以为器，当其无，有器之用。凿户牖以为室，当其无，有室之用。故有之以为利，无之以为用。”[①] 老子在这里用了三个比喻来说明“有”与“无”、“实”与“虚”的关系。其大意是：车轮上的30根木条聚集在一个车轴中，有了轴心空虚之处，才有车的作用；糅合陶土做成器皿，有了陶器中的空虚部分，才有器皿的作用；开凿门窗建造房屋，有了室内的空虚之处，才有房屋的作用。所以，“有”——有形的东西（实体），它们给人们带来了利益、带来了便利。但“无”——无形的东西（虚体）才是真正起关键作用的方面。因为有了“无”（虚）、“有”（实）才能发挥作用。老子借此说明：“有”和“无”相生、“实”和“虚”融合，物的功用才可彰显。我们不能重“有”轻“无”、重“实”轻“虚”、重“阳”轻“阴”。

在传统工业经济时代，人们重视的是实体经济和实体资本，有点重“实”轻“虚”，相应地在企业管理方法上，注重“硬资源”，而忽视“软资源”。在信息经济时代，人们越来越重视虚拟经济和虚拟资本，企业管理方法在注重“硬资源”的同时，更加重视“软资源”的作用。企业声誉、品牌、科技、组织结构、业务流程、客户关系和供应商关系、信息技术系统以及金融资本等无形资产都是与人们心灵、心理、预期有关的“虚拟资本”，它们形成了企业的核心竞争力，而要获取这种核心竞争力在于企业对创新的有效管理。

过去30年来，中国的企业普遍存在重视引进设备、引进技术、引进外

---

① （春秋）李耳：《道德经》，中国纺织出版社，2007年。（本书所引用《道德经》皆同此书）

资，即引进实体资本方面，发展了以“中国制造”为特色的实体经济。但我们从“虚拟资本”创新的视角来看我们的企业，它们是那么的脆弱。我们高端汽车的发动机是别人的，我们计算机的CPU和主要软件是别人的，我们电视机的液晶屏大多是别人的，我们消费的优质产品在核心技术上似乎都打上了别人的烙印。我们有的企业经50多年建立的品牌，被别人收购。企业以“中国制造”换来的万亿美元血汗钱，常被华尔街利用金融“虚拟资本”工具侵蚀。所以，我们的企业再也不能重“有”轻“无”、重“实”轻“虚”了。我们必须通过创新来拥有自己的核心“虚拟资本”，以形成企业的核心竞争力。

当前，科学技术浪潮风起云涌，经济全球化推动实体经济与虚拟经济飞速发展。“新经济”的浪潮给企业带来了许多前所未有的机遇和挑战：一方面，企业所处的环境呈现出复杂多变的发展趋势，出现了企业成长知识化、竞争多元化和动态化、市场虚拟化、产品顾客化和管理人性化、扁平化等特征，虚拟企业、虚拟团队、虚拟市场不断涌现，这些变化带来的是经济高度的不确定性，资源流转越来越快，产品周期越来越短，市场越来越复杂，科技前景也越来越难以预测；另一方面，当代的科技发展又为解决“新经济”带来的众多问题提供了越来越多的可能性。企业要在“新经济”时代建立竞争优势并立于不败之地，就要把创新放在企业发展的首位，要适时确立创新的目标，根据企业发展的不同阶段，选择创新的不同切入点。所以，对创新的资源和过程进行有效的管理是当代企业面临的重大课题。本书提出的“创新管理”，其内涵是运用古代“道”哲学“对创新要素和创新过程的管理”，具体来说是指为实现创新目标，运用管理职能（计划、组织、领导、控制）对创新要素（人力资本、智慧资本、社会资本）和创新过程的管理。

第二节

实与虚的“道”理：企业创新管理的新思维

21世纪的企业管理面临着新的挑战。当代企业的资本构成正在发生质的变化。在一些企业中，特别是在知识型企业中，物质资本的比重在不断下降，人力资本、智慧（智力）资本[1]的比重越来越大。人力资本、智慧资本作为当代企业创新的源泉，在企业发展中起着主导作用。

《全面质量控制》的作者阿曼德·菲根鲍姆（Armand Feigenbaum，2003）在《管理资本的力量》[2] 一书中指出："从技术和经济（如美国联邦储备委员会）角度来看，50 年前有形的'硬资产'——建筑材料、机器设备和库房存货——占了美国非金融企业资产 78%的比例。今天，这一比例已经下降到了 53%（一个剧烈的下降），产生这一结果的原因则是在推动商业增长的过程中，品牌名称、科学技术、消费者和供应商关系、质量以及其他无形资产的影响作用越来越大。"他指出："当今世界，甚至某些已建立的学科中（如经济学）的一些基本原理，如亚当·斯密的'看不见的手'，正在经历着检验和 200 多年来的首次改写。曾经推动了数十年来工业制造的对批量生产的传统基本假定——规模经济原理，如今正饱受现实的挑战。"他以软件的生产为例："一个成功的软件一旦被开发出来，其批量生产的成本几乎是微乎其微的，这家公司也能维持其市场垄断优势直到被下一个具备同样短暂优势的产品取代。然而这种垄断优势却是绝不会受到规模经济的挑战的。这就彻底改变 IT 某些产业中'制造'和'工厂'的概念。"

菲根鲍姆提出了商业组织的新概念，认为所谓商业组织，"是该组织的商业价值取决于其将'有形的硬资产'的力量和那些一度被认为是公司'无形的力量''软资产'的能力整合起来的方式，前者包括公司的金融资产、机器设备以及砖头瓦片；后者则指生产效率、市场、销售和人力发展因素等。这种对'硬资产'和'软资产'的整合必须要得到认识、构建、传播和交流沟通"。

西方管理学的结构学派、能力学派和资源学派的发展与理论创新正是顺应了当代潮流的发展。20 世纪 80 年代迈克尔·波特有关企业战略的研究一直强调资源、环境对竞争优势的影响，但到 90 年代，能力学派和资源学派对资源

① 本书的"智慧资本"概念与当前经济学界流行的"智力资本"不同。当前主流管理理论中的"智力资本"概念划分为人力资本、结构资本和客户资本三部分，并称为智力资本的"H—S—C"结构。他们把"智力资本"作为比"人力资本"更高层次的概念来看待。但从逻辑上说，智力资本不能作为比人力资本更高的概念来定义，因为，人力资本是起主导作用的资本，这会造成诸多经济学和管理学问题不能理顺。因而，笔者提出了"智慧资本"的概念，即只包含结构资本和客户资本的 S—C 结构。把人力资本（H）从"智力资本"概念中独立出来，从而把企业中的物质资本、人力资本、智慧资本并列作为企业最主要的生产要素来分析。笔者在 2007 年《当代财经》第 8 期《论人力资本与智力资本的"虚拟资本"性质》一文中专门阐述了此问题，详见本书第三章。

② 阿曼德·菲根鲍姆、唐纳德·菲根鲍姆：《管理资本的力量》，华夏出版社，2004 年。

的界定不仅指企业外部的资源，还包括企业内部的资源，既包括“有形”的物质资源，也包括“无形”的人力、智力资源以及社会资源和网络资源。可见，21 世纪企业管理模式在重视传统“硬资产”的同时，必须对能够产生巨大附加值的无形资产、“软资产”更加重视，这就要求我们彻底改变 21 世纪企业“管理”的含义、技巧、工具和重点，呼唤着管理的创新。

必须指出，西方学者关于“硬资产”与“软资产”的运行与管理，与中国大陆学者关于实体经济与虚拟经济、实体资本与虚拟资本的运行与管理是不谋而合的，都是顺应了当代经济发展，从实与虚的视角来探索企业经济问题。

自 1997 年东南亚金融危机后，以中国科学院成思危教授与南开大学虚拟经济研究中心为代表的经济学家们，在研究马克思“虚拟资本”理论的基础上，对当代社会经济生活中实体经济与虚拟经济、实体资本与虚拟资本的相互作用和波动，给予了广泛的关注和积极的探索。近十几年来，每两年召开一次的全国虚拟经济研讨会，吸引了一大批中青年学者加入虚拟经济、虚拟资本理论的研究行列，并在默默耕耘中结出了累累硕果。

“虚拟资本”一词是马克思的首创，他在《资本论》（第三卷）中首度提出了“虚拟资本”（Fictitious Capital）的概念，[①] 其德文为“Fiktives Kapital”，有虚假、虚幻的含义。目前，中国学者沿用马克思“Fictitious Capital”的概念，但笔者认为用“Virtual Capital”来表示更为准确，因为“Virtual Capital”不是虚假、虚幻的，而是实质性的，它与人的心灵密切相关，反映的是人力资本、智慧资本、社会资本、金融资本等与人的期望、信心、想象、创造、网络有关的资本。

中国学者将“虚拟资本”界定为：“那些不具备传统资本的实物形态，而事实上却可以决定未来收入流的具有资本特性的东西。”“虚拟资本”理论的本质，是对那些不具备传统资本实物形态的东西进行“资本化定价”。由企业中人力资本、智慧资本、金融资本等“虚拟资本”的交易而产生的“虚拟经济”，其定价方式很大程度上取决于人们的预期和心理，它有别于实体经济的成本定价方式，这就使虚拟经济的价格体系必然呈现不规则的波动性，防范这类“虚拟资本”大起大落地波动，规避企业内外的风险，保持企业竞争优势，正是中国“虚拟资本”理论学者的研究目的。

过去十几年来，大多数“虚拟资本”研究者继承马克思传统，把“虚拟

① 马克思：《资本论》（第三卷），人民出版社，1976 年。

资本”研究的重点放在金融领域，主要研究货币、股票、期货与金融衍生品方面。有趣的是，虽然这些理论至今仍未被主流经济学所接受，仍处于非主流的地位，但却已经引起中国领导层的重视，并吸收进有关经济策略中，早在2002年中共十六大报告就首次提出要“正确处理虚拟经济和实体经济的关系”。①

近年来，笔者尝试把“实体资本”与“虚拟资本”理论引入企业管理理论分析，认为“物质资本”等有形生产要素，属于“硬资产”——“实体资本”范畴；而“人力资本、智慧资本”等，由于它们阴柔无形，变幻莫测，所以属于“软资产”——“虚拟资本”范畴，并对此发表了多篇论文。

笔者认为：人力资本、智慧资本理论的提出，本质上是从微观视角提出了“虚拟资本”问题。西方管理学的结构学派、能力学派和资源学派对人力资本、智慧资本等“无形资产”的重视，本质上是对企业“虚拟资本”的重视，从某种意义上说他们的理论是建立在“虚拟资本”基础上的。

人力资本与智慧资本的理论目标，是对企业中人力、智力（知识）这些过去被看作是费用或成本的、不具备传统企业资本实物形态的“软资产”进行“资本化定价”，以决定其未来收入流的预期。

从对企业有形的物质资源等“硬实力”的重视，发展到对企业无形的知识资源、信息资源、无形资产、虚拟团队等“软实力”的重视，人们正在对传统经济学和企业管理理论进行反思，而中国古代“道”哲学为我们的经济学和企业管理理论的创新提供了指路明灯，为当代新经济学和企业管理理论的发展暗示了方向。

从经济哲学的视角来看，中国学者关于实体经济与虚拟经济、实体资本与虚拟资本的探索，其理论内涵中闪耀着中国古代“道”哲学的光芒，蕴含着中国古代先哲们“道”哲学的隐喻，从中国“道”哲学的土壤中，有可能产生根植于我国本土的经济学和企业管理流派。

“道”哲学的隐喻，对于自然科学的启示屡见不鲜。如1703年，莱布尼兹感悟到《周易》中阴爻和阳爻的0和1的隐喻时非常兴奋，现在二进制成了当代信息社会的基础。② 中国“道”哲学关于万物皆“负阴而抱阳”的隐喻，使量子力学领袖玻尔更加坚定了对微观世界波粒二象性的信心，提出了著

① 江泽民：《在中国共产党第十六次全国人民代表大会上的报告》，人民网（http：//www. people. com. cn/GB/shizheng/16/20021117/868418. html），2002-11-17.

② 席泽宗：《李约瑟论〈周易〉对科学的影响》，《自然科学史研究》，2000年第4期。

名的“互补性原理”。在当代，正如F. 卡普拉在《物理学之“道”：近代物理学与东方神秘主义》中所指出的：“在过去几十年里，物理学家和哲学家广泛地讨论了近代物理学所引起的这些变化，但是很少有人认识到它们似乎全都引向同一方向，朝着与东方神秘主义者所持的宇宙观非常类似的观念变化。”①关于隐喻，著名演化经济学家杰弗里·M. 霍奇逊指出：“隐喻不是一种饰品：它是构成和整理我们思想所必不可少的一种手段。”② 现代哲学家们认为，隐喻是基本的认识论方法，也许对科学来说是必不可少的。我们所身处的新经济时代，也正在朝向中国古代先哲们的“道”哲学的隐喻发展变化，并为当代企业管理学的发展暗示了方向。

当代新经济浪潮与中国经济改革和发展中出现的“奇迹”和问题已给现代经济学理论和企业理论提出了一系列难解之“谜”，特别是2008年由美国金融虚拟资本与实体经济的背离而引发的全球性金融危机，促使人们对传统经济学和管理学进行反思，为新的经济现象和管理情境作出科学的解释，当代社会经济的发展态势也似乎越来越朝着中国古代先哲们“道”哲学的隐喻方向发展，而古代“道”哲学为当代企业的创新管理提供了新的思维方法和发展方向。所以，用“道”改变21世纪的中国企业管理，把中国的“道”和西方的“术”相结合是本书的宗旨，整合东西方的企业理论和管理思想，从“道”的视角来阐述当代企业的创新管理是本书的目标。

第三节

东方管理学：东方的“道”和西方的“术”相融合

苏东水教授说：“我们生长的东方，并不是一个管理思想贫瘠的土地。身处在这样一个具有深刻文化底蕴和丰富历史内涵国度的管理理论和实践工作者，应该考虑如何一方面开掘我国古代哲学中所包含的管理思想，另一方面在引进西方管理思想时，体现东方文化的特点，进而形成整合东西方思想的新的管理文化。”③

① F. 卡普拉：《物理学之“道”：近代物理学与东方神秘主义》，北京出版社，1999年。

② 杰弗里·M. 霍奇逊：《演化与制度》，中国人民大学出版社，2007年。

③ 苏东水：《让管理学向东方回归》，http：//news. sina. com. cn/o/2003-12-22/02171396401s. shtml.

回顾中国改革开放30年，中国管理学的发展历史是西方管理学在中国社会全面渗透的历史。中国企业在发展过程中，虽然有许多引入西方管理理念和方法后大幅度提高管理效率的案例，但我们更多的是发现许多西方管理理论和方法在中国企业管理中的“水土不服”现象。如从实达花费巨资聘请国际管理咨询业巨头麦肯锡做管理顾问而惨遭失败；到何伯权指挥的中国饮料市场巨头乐百氏在和达能全面合资后败退；再到以编译西方营销学理论著称的屈云波空降到广东科龙公司进行“西化”营销改革最终失败……都昭示了中国企业对西方管理理念和方法的“消化不良”。最集中的反映是近年中国企业界“聘请洋顾问热”、“实施ERP热”泡沫的破灭以及为此付出的惨痛代价。

改革开放30多年来，中国也出现了许多与西方管理理论大相径庭的本土化的成功管理案例——从张瑞敏指导的“海尔模式”，到任正非创造的“华为神话”，再到马云建立的“阿里巴巴”，无不渗透着中国人卓越的管理智慧与创新。这些正反管理实践案例的并存，引起了管理学界对中国管理学研究未来发展的深入思考。进入新经济时代，特别是加入世界贸易组织（WTO）之后的中国，不可避免地要面对越来越激烈的国际竞争，中国的企业需要更符合自己国情和文化背景的管理学理论。如何创建具有实践指导意义的中国管理学，是亟待中国管理学界解决的首要问题。

近年来，以苏东水教授为代表的众多中国管理学者正在逐步打破对西方管理理论的迷信，越来越重视研究东方管理，开拓了中国管理学新的发展方向。他们认为，现代管理学有向东方回归的趋势。从管理学发展的经验来看，最有希望、最有创造性的管理理论往往产生于经济迅速起飞的国家与地区。随着东亚尤其是中国经济的崛起，以及儒教文化圈和海外华商影响的不断扩大，客观上为东方管理学理论创造了前所未有的发展机遇。①

中国管理理论与西方管理理论，两者应该是互为补充的关系。所以，我们要发展的中国管理学，是中国的“道”和西方的“术”相结合。中国管理关注的是人治，长于哲学思考，短于技术操作；而西方管理正好相反，强调实用性，欠缺整体的哲学思考。对西方管理而言，中国管理既不是矫正也不是颠覆，而是一定程度上的融合，是中国的“道”和西方的“术”的合璧。可见，中国管理学并非一个封闭的自循环体系，而是以中华优秀传统管理文化为核心，不断汲取包括西方管理科学在内的世界各民族管理文化的精华，进而成为

① 罗纪宁：《创建中国特色管理学的基本问题之管见》，《管理学报》，2005年第2卷第1期。

一个开放的管理学发展体系。中国管理学并不排斥现代的西方管理学理论与方法，而是十分重视在与西方管理学界的交流中取人之长，补己之短。因此，中国管理学的着眼点并不仅仅在于发掘中国管理哲学的一些思想精华，而是针对包括西方管理学在内的现代管理学在发展过程中所出现的“瓶颈”，大胆吸收和借鉴西方的先进管理理论和管理方法，提出自己的理论主张。

本书拟从“道”的源流与传系入手，进而阐述“道”与中国古代管理思想起源的关系，并对“道”对西方经济管理思想的影响进行分析；从“阴阳生化”视角分析企业理论的演化创新；以老子“三生万物”的理念，对当代企业的本体元素“资本三要素”进行阐述，从而揭示当代企业资本的总构成；在此基础上，从“有无相生”的演化观，对当代企业资本与资本创新的变化，来解剖实体资本与虚拟资本的演化规律，建构实体资本与虚拟资本“阴阳”结构模型和资本太极图；通过“资本太极图”的演绎，提出企业实体资本与虚拟资本的循环观。从“道”哲学的视角对“人力资本”、“智慧资本”、“社会资本”的管理与创新进行全面阐述。最后，对企业战略的创新管理、企业市场的创新管理、企业组织的创新管理、企业流程的创新管理进行全面论述。

第一章　“道”与管理学的渊源

一阴一阳之谓道，继之者善也，成之者性也。

仁者见之谓之仁，知者见之谓之知，百姓日用不知；故君子之道鲜矣！

——《易经·辞系上传》第5篇

第一节

“道”的源流与传系

正如李约瑟指出：“中国如果没有道家思想（Taoism），就会像一棵深根已经烂掉的大树。”① “道”是中国哲学所独有的一个哲学概念。中国传统文化崇信事物普遍法则和自然规律的思想源远流长，并且集中地体现在所谓“道”的概念之中。“道”无处不在，无时不有。在历史长河中，“道”概念是经过无数思想家创造、运用和发展之后，逐渐形成的一个哲学范畴。“道家”的代表性人物老子，是道家思想的鼻祖。在老子的《道德经》中，“道”的哲学思想被提升为核心概念，老子围绕着“道”建立了独特的中国哲学体系。后人以《周易》和老子哲学为圭臬形成了宗教流派，而称为“道家”。

老子的“道”哲学具有丰富的自然科学和人伦科学的内涵，无论在阐述宇宙的奥秘，还是解决人伦问题，“道”哲学就像取之不绝的宝藏，总能为人们提供思想源泉。《道德经》分为道经和德经两部，老子的哲学系统正是通过“道”以达“德”的思维方法，为人类寻找归真之所，为科学理论提供本源意

① 李约瑟：《四海之内——东方与西方的对话》，上海三联书店，1987年。

义上的论证。

“一阴一阳之谓道，继之者善也，成之者性也。”能顺天修道，顺阴阳，合天道，人与事就会圆满完善。秉受天道，归顺阴阳，人与事就能回归本性。

“阴阳”，是中国古代哲学的一对范畴，是对自然界相互关联的某些事物、现象及其属性对立双方的概括。明代医学家张介宾《类经·阴阳类》对阴阳含义有一高度的概括：“道者，阴阳之理也。阴阳者，一分为二也。”“阴阳”既可表示自然界相反相成的两种事物、现象及其属性，也可表示一事物内部存在对立的两个方面。前者如天与地、日与月、水与火等；后者如寒与热、升与降、明与暗等。一般而言，凡是有形的、实体的、动态的、外向的、上升的、温热的、明亮的、兴奋的都属于阳，而相对无形的、虚拟的、静止的、内向的、下降的、寒凉的、晦暗的、抑制的都属于阴。所以，“阴阳”是对立统一或矛盾关系中的两个不同性态、属性的一对哲学或逻辑范畴的概括，就是两事物或一事物既相互依赖、相互联系，又相互对立、相互排斥、相互否定、相反相成的一对并列的元概念，故有“一阴一阳之谓道”之说。

中国文化源远流长，具有深厚的历史底蕴和深邃的科学智慧，其对于宇宙万物“道”的阐释与追求，其“阴阳”和“象、数、理”的分析模型和方法，对于不同事物与价值观的包容与尊重，对人与自然、人与人、人自身三个层面“和谐与统一”的关系建构，可以极大促进新经济时代中政治、经济、文化、教育的和谐发展。面对新经济时代的到来，中国文化的崛起将获得前所未有的机遇。本书着眼于从管理的角度来看老子的“道”哲学。从“道”哲学的内涵出发，从“道”的隐喻中来发现和思考现代企业管理中的问题。

一、“道”的一般含义

“道”，在中国古代使用极为广泛，它本来不是哲学概念。根据《辞源》疏证，就“道”的一般含义而言，包括如下几种：①

其一，道路。《诗·小雅·大东》：“周道如砥，其直如矢。”

其二，方法，技艺。《论语·里仁》：“富与贵，是人之所欲也；不以其道得之，不处也。”又《子张》：“虽小道，必有可观者焉。”

其三，规律，事理。《易·说卦》：“是以立天之道曰阴与阳，立地之道曰

① 匡安荣：《经济之“道”：“道法自然”与经济自由》，上海人民出版社，2007 年。

柔与刚，立人之道曰仁与义。”《庄子·养生主》：“庖丁释刀对曰：‘臣之所好者这也，进乎技矣。’”

其四，思想，学说。不同学者、学派赋予道的含义各不相同。《论语·里仁》：“吾道一以贯之故。”《孟子·滕文公上》：“从许子之道，则市买不贰，国中无伪。”

其五，说。《论语·宪问》：“夫子自道也。”《孟子·梁惠王上》：“仲尼之徒无道垣文之事者，是以援世无传焉。”

其六，具有实行的意思。如“君子道者三，我无能焉；仁者不忧，知者不惑，勇者不惧”（《论语·宪问》）。即君子所行的三件事，我一件也没能做到。

以上所举，是在我国古籍中比较常见的“道”的一般含义。

二、“道”哲学的演变

“道”的初义是道路，不仅这一原始意义随着社会的变迁和语言文字的发展而逐渐引申和扩充，而且在道的原意中，还包含着许许多多潜在的可被引申的因素。因此，在社会实践发展的基础上，随着人们对主客观世界认识的逐步深入，“道”的含义具有了哲学意义。

“道”的概念在哲学上的发展演变是以《周易》为源头的，可以分为道家传系与儒家传系两支。儒道两家各有自己的经典，互不相借，唯有《周易》成为两家共同崇尚之典籍，成为其主要的思想源头，这里面有着深刻的道理。因为《易经》成书于儒道两家形成之前，《老子》、《易传》形成于两家出现之后。《易传》虽是儒家所著，却大量渗透着道家思想，如形而上之道、阴阳化生之理、无往不复之运、顺法天地之行等。由于以神秘的《周易》为源头，中国古书中，注释最多的书是儒家的《易》和道家的《老子》。

从儒家看，“道”的儒家传系起源于《周易》。如胡适所说：“孔子学说的一切根本，依我看来，都在一部《易经》。”①

《周易》经过孔子的整理被列为儒家经典后，其最具代表性的言论如《易传》中的“形而上者谓之道，形而下者谓之器”，②“道”是无形象的，含有规律和准则的意义；“器”是有形象的，指天地及一切具体事物。又如“一阴

① 胡适：《中国哲学史大纲》，东方出版社，1996年。
② 贺华章：《周易大全·易传》，陕西师范大学出版社，2007年。

一阳之谓道”，含天地万物运动变化的普遍法则之意，也就是“天地之道”。在其他的早期儒家典籍中，除了“道”而外，还使用别的词汇来表达法则的含义，如“有物有则”，“天行有常”中之“则”与“常”一类。《易传》还提出认识普遍法则的重要性，“知变化之道者，其知神之所为乎”；[①] 认为治理好天下的首要前提，就是深入钻研以穷极天道之奥妙。

从道家看，“道”的道家传系发轫于老子。根据《老子》的概括，“道”具有混沌未分，先于天地而生，不依靠外力而循其常，永远循环往复地运行诸特征，为天下万物的本源。所谓“道生一，一生二，二生三，三生万物”（《道德经》第42章）。意指“道”是事物运动变化所必须遵循的普遍规律或万物的本体。老子论“道”的另一重要内容，是它的自然观，所谓：“人法地，地法天，天法道，道法自然。”以“道”之一切任其自然的属性，取代了“命”的主宰含义，故曰“夫莫之命而常自然”，而道对于万物，“生而不有，为而不恃，长而不宰”（《道德经》第51章），由此也就否定了造物主上帝的最高地位。

“道”的思想哲学虽然体现为道家与儒家两支，但“道法自然”和“三生万物”的哲学思想主要集中于老子学说，老子在《道德经》第25章提出的人、天、地、道四者与自然的关系，突出了自然的根本性价值或最高价值的意义。老子说：“道大，天大，地大，人亦大。域中有四大，而人居其一焉。人法地，地法天，天法道，道法自然。”（《道德经》第25章）意思是说，人生活在天地之中，而天地又来源于道，道在宇宙万物中是最高最根本的，但道的特点、道所依据或体现的却是“自然”二字。老子在《道德经》第42章说：“道生一，一生二，二生三，三生万物，万物负阴而抱阳，冲气以为和。”老子在这里提出了关于世界本原的问题，开创了本体论，这个本体论反映了天地万物的规律。“道法自然”和“三生万物”作为老子哲学的中心观念可说是贯穿人类生活的各个方面。

回顾漫漫历史长河，“道”的思想就像一座取之不尽的富饶宝库，综罗百代，广博精微，深刻地影响着中国从古至今的政治、经济、哲学、文学、艺术、科学、军事等各个领域。“道”的思想哲学是中国历代治国、治家的思维方法之一，它不仅有一套成熟的治理原则，还有可行的操作模式。历史上凡实行道家治国思想的就国富民安，如汉代的文景之治，唐代的贞观之治、开元盛世等。

---

① 贺华章：《周易大全·易传》，陕西师范大学出版社，2007年。

三、道家“道”哲学的含义

老子从哲学的角度思考世界起源和存在的根本问题，把春秋时期已经出现的“道”作为哲学的最高范畴，标志着中华民族理论思维水平的深化与提高，其突出贡献在于他第一次提出了“道”的概念并将其视为天地万物的总根源。《道德经》五千言，“道”字出现了 69 次。《庄子》一书，“道”字出现 320 多次。“道”的含义纷繁复杂，但其要旨不外乎以下几个方面：

（一）“道”概念的本体性

“道”是宇宙万物统一的基础，是构成事物的要素，是事物运动的原因。老子认为在宇宙万物产生以前，存在的是混成之物。“有物混成，先天地生。寂兮寥兮，独立而不改，周行而不殆，可以为天下母。吾不知其名，强字之曰道，强为之名曰大。大曰逝，逝曰远，远曰反。”（《道德经》第 25 章）这混成之物是世界的开端，而且是自因的，在自身的运动演变中逐步生成了万物。所以在老子思想体系中用以指称这混成之物的道，便成了世界的本体的指称。在混成之物的充分演化过程中逐步产生出万物，这样混成之物便成为事物构成的要素，这是“道生一，一生二，一生三，三生万物，万物负阴而抱阳，冲气以为和”的宇宙演化模式。“道生一”，这“一”指什么，与道什么关系，许多大学者都有非常明确的见解，在诸多见解中，占主流的一种说法即“一”是指元气，混沌的元气。元气是从混沌之物“一”最先分离的，所以其有较多的混成之物的混沌性、自因性。但由于元气从混成之物中分离出来，因而具有了不统一性和向外的运动性，即不再具有自因性，不再具有圆满性。在运动过程中，由元气又演化成性质相反的阴阳二气，此是“一生二”。阴阳二气不再具有元气的混沌性，而其自身性质更加清晰。由于缺乏单独生成演化的能力，阴阳二气彼此依赖，在往来激荡中形成了中和之气“三”，这三种气共同构成了世间万物，是万物产生的因素。但此种说法笔者认为有待商榷，本书第四章有系统阐述。

（二）把“道”视为创造宇宙万物的动力，它化育和形成天地万物，而且决定着天地万物的生存和发展

老子说：“道生一，一生二，二生三，三生万物。”（《道德经》第 42 章）

又说："大道泛兮，其可左右。万物恃之而生而不辞，功成不名有。衣养万物而不为主，常无欲，可名于小；万物归焉而不为主，可名为大。以其终不自为大，故能成其大。"（《道德经》第 34 章）"昔之得一者。天得一以清，地得一以宁，神得一以灵，谷得一以盈，万物得一以生，侯王得一以为天下正。其致之也，天无以清，将恐裂；地无以宁，将恐废；神无以灵，将恐歇；谷无以盈，将恐竭；万物无以生，将恐灭；侯王无以贵高，将恐蹶。"（《道德经》第 39 章）。这所谓"一"就是道，"得一"就是"得道。"老子把"得一"或"得道"看成是万物成长发展的不可或缺的因素。

（三）把"道"视为天地万物运动变化的内在规律及其法则

老子所说"道常无为，而无不为"（《道德经》第 37 章），"夫莫之命而常自然"（《道德经》第 51 章）等，就是对"道"作为普遍法则的揭示。老子说："天之道不争而善胜，不言而善应，不召而自来，繟然而善谋。天网恢恢，疏而不失。"（《道德经》第 73 章）又说："天之道，其犹张弓与？高者抑之，下者举之，有余者损之，不足者补之。天之道，损有余而补不足。"（《道德经》第 77 章）前引老子"侯王得一以为天下正"亦有此意。此外，老子所言"万物并作，吾以观复。夫物芸芸，各复归其根。归根曰静，是谓复命。复命曰常，知常曰明，不知常，妄作凶"（《道德经》第 16 章）。"知常"，这个"常"也是自然界正常的运动规律和平衡发展。

（四）人道即所谓处世之道，待人接物之道

"人道"依中国传统文化的观点包括修身之道、齐家之道、治国之道、治学之道、处世之道，等等。"人道"可以指人类生活的规律、理想，为人之道和人伦之间的道德规范的总称，也可以指其中的某一方面特别是待人接物之道或为人之道，或人间律则或普遍现象。老子"天之道，损有余而补不足，人之道则不然，损不足以奉有余"（《道德经》第 77 章），庄子"无为而尊者，天道也；有为而累者，人道也"（《庄子·在宥》），即把人道视为人间普遍现象或人间律则。从某种意义上讲，老庄认为，现实的人道违反天道，所以不是真正的人道，真正的人道应该效法自然。故老庄视现实有为的人道为有害无益。真正的人道是效法大道的圣人之道。"天之道，利而不害，圣人之道，为而不争。"（《道德经》第 81 章）

第二节

“道”与中国古代管理思想

一、《周易》之“道”：中国管理思想探源

中国的管理活动自古有之，但在古代社会，由于生产力水平低下，管理思想还不能系统化，更不能成为独立的管理理论，它都是作为某个人或某集团的单一的管理思想体现出来的。以内容来讲，主要有行政管理、经济管理、军事管理、社会管理、文化管理等宏观管理思想，也有农业经营管理、手工业经营管理、商业经营管理等微观管理思想，形成独特的中国传统管理思想。

中国传统管理思想萌芽于夏、商、周，繁荣于春秋战国，定型于汉、唐，止步于宋、元，盛行于明末清初，衰落于清末。在人类的历史长河中，很长一段时间华夏文明走在世界的前列。在浩如烟海的古代典籍中记载了我国古代无数杰出思想家、军事家、政治家关于国家管理、军事管理、经济管理、家庭管理、自我管理等方面的学说和主张，珍藏着光辉的管理智慧和实践经验。公元前十一二世纪完成的《周易》是我国最早的经济管理方面的书籍，书中包含的“变异”思想直到今天仍然具有重要的启示意义。

第一节指出：“道”的概念在哲学上的发展演变是以《周易》为源头的，古人认为，“伏羲画卦、文王作卦辞，周公作爻辞，孔子作《十翼》”，即传说，周文王为《周易》作了卦辞，后来他儿子周公为《周易》作了爻辞，孔子为《周易》作十翼。其实《周易》是否真正由此三人完成在历史学家中是有很多争议的，总体来说，《周易》是古代中华先贤集体智慧的结晶。本节从管理的视角来探索《周易》的形成与中国管理思想的起源。

（一）伏羲画卦，一画开天：中华管理思想之源头活水

伏羲也称为包牺、伏戏、人皇等，他是中国文献记载中的最早的智者之一，居三皇之首。据《陈州府志》、《淮阳县志》记载及有关学者考证，传说伏羲生于公元前 4538 年农历正月十六日，卒于公元前 4353 年，享年 185 岁，在位 115 年。正“处在距今 6400 年前大汶口和仰韶文化并行的新石器时代”。

他一生率部族追日月而徙，逐水草而牧，最后选择黄河平原地高水广、草木茂盛的宛丘定居，创造了灿烂的伏羲文化。[①]

伏羲画卦，是中国管理思想的源头。伏羲氏对事物有着敏锐的观察力、对土地有着深厚的感情，同时他又拥有超人的智能。当时是“天地未剖，阴阳未判，四时未分，万物未生，汪然平静，寂然清澄……”（《淮南子·俶真训》）[②]伏羲氏将他观察到的一切，用一种数学符号——阴阳爻（这种二进制数学模式成为当今计算机技术发展的基石）描述了下来，这就是先天八卦。孔子在《周易·系辞下传》中对伏羲画先天八卦作了形象的描绘：

“古者包牺氏之王天下也，仰则观象于天，俯则观法于地，观鸟兽之文与地之宜，近取诸身，远取诸物，于是始作八卦，以通神明之德，以类万物之情。”[③]

伏羲认真总结前人的经验，经历无数次的实践，发现并认定与人生存相伴的有两个世界：一个是看得见、摸得着的有形世界，如山、地、人、动物、植物等，称为“阳世界”；另一个是看不见、摸不着的无形世界，如彩虹的形成、黑夜的降临、光亮的闪烁、声音的发生和传导等，称为“阴世界”。人类生活在阴阳世界中，阴中有阳，阳中有阴，阴阳相对，阴阳互生。伏羲把世界看成一个变化的世界，静中有动，动中有静，动静相成，变化无穷。他确信，人和自然及宇宙之间必有大规律。于是他反复推理和探索，取天地之灵气和日月之精华，悟出了自然大道。传说他从龙马和白龟身上的花纹中受到启迪，画出了以乾、兑、离、震、巽、坎、艮、坤为内容的卦图，后人称为伏羲八卦图，即先天八卦。伏羲氏仰观象于天，俯察法于地，用阴阳八卦来解释天地万物的演化规律和人伦秩序。许多人认为伏羲画卦，“一画开天，文明肇启”，这是中华文明的起源。伏羲在前人的基础上所发明的“先天八卦”本质上是顺应自然，对当时社会生产活动进行管理的一种工具或方法。所以，笔者认为伏羲画卦，是中国管理思想的源头。

伏羲画卦，起源于“燧人氏”文明。伏羲时代以前的人类历史，由于年代久远，文字还不发达，现在只能了解一些“燧人氏”时代的大概情况。“燧人氏”部落祖居昆仑山，为古代羌族的一支，“燧人氏”发明了人工取火、结

---

① 徐金法、张志华：《华夏古老文明的源头——太昊伏羲东夷部落管理思想钩沉》，《周口师范高等专科学校学报》，2004年第4期。

② （西汉）刘安、马庆洲：《淮南子·俶真训》，凤凰出版社，2009年。

③ 贺华章：《周易大全·易传》，陕西师范大学出版社，2007年。

绳记事、圭表记历。

圭表记历，就是古人所描绘的“立竿见影，以正农时”。远古先民还没有年、月、日和四季的概念，但“燧人氏”部落居住在昆仑山时，便已经懂得立圭表观察天象而确定四时，创建历法。圭表是我国古代度量日影长度的一种天文仪器。最早古代先民只是用一根木杆或石柱立于平地上，称为“表”，表高八尺。太阳通过表时在地上投下影子，古人就把石板制成的尺子平铺在地面上，与立表垂直相接，上端伸向正北方，石板制成的尺子就叫“圭”，以此来记录日月星辰的变化，寒暑及雾、雨、雪、霜的交替。圭表记历是人类几百万年进化史的一个里程碑。通过圭表记历，古代先民对日月星辰的变化、草木兴衰的现象、春夏秋冬的规律，有了科学的认识，这对当时的社会生产管理特别是农业生产管理起了非常重要的作用。

伏羲作为“燧人氏”的后裔，通过圭表记历，在前人的基础上发明了先天八卦，并创立了六十四卦历法，确立了元日，使人们有了更准确的作息时间，形成了年、月、日和四季的概念，并形成了春种、夏长、秋收、冬藏的农业生产科学管理依据。所以，伏羲在前人的基础上所发明的“先天八卦”本质上是顺应自然对当时经济生产活动进行管理的一种工具或方法，它融观天、计数、卜筮及生产为一体，是上古时代管理智慧的结晶。

伏羲为天下王的时候，他教会了人们种植谷物、养桑蚕和驯化家畜，他发明了渔猎生产工具——网罟，使人们脱离采集自然物的生活而进入渔猎时代。他正姓氏、制嫁娶，创立了媒聘婚姻制，进行了一场家庭伦理革命。他建城邑，确立了城邦政治，发端了协作防御管理思想。

伏羲之所以能成为天下王，是他的管理才能突出。伏羲所创八卦历法是有一定科学根据的，他的占卜是灵活的，是辩证推理的。如在春天，伏羲根据前人的经验，再结合当前天象与地理的阴阳变化规律，通过八卦占卜所给出的提示，确定氏族在春天的生产任务。于是让一部分人去指定地点捕鱼，另一部分人去指定地点种植。结果捕鱼的人果然不出所料，捕到了许多鱼；种植的人过些时候发现种下的种子真长出了嫩芽。各氏族见伏羲的占卜灵验，能够带来丰富的食物，能够趋利避害、逃避凶险，自然就拥护这位首领。若伏羲的八卦历法不能给大家带来好处，只是装神弄鬼的巫术，捕鱼的人捕不到鱼，种植的人种下的种子全烂掉，也就不会拥护伏羲了。

《系辞下传》中对伏羲用先天八卦来管理社会有形象的描绘：“上古结绳

而治，后世圣人易之以书契，百官以治，万民以察，盖取诸夬。”[①] 意思是说：伏羲用在木头或石头上刻符号的方法，代替结绳记事，开始了象形汉字的创造，还创建了社会分工管理制度，设置百官共同治理天下，把不同的官职任命给有能力的人，分别管理各种事务，人民对于官员能监察。这种管理制度，是取自于六十四卦中的“夬”卦。这对各行各业的发展与管理有着很好的促进作用，可以说是人类第一次有意识地进行社会分工。

所以说，伏羲是中华管理文化的始祖，他所创立的“先天八卦”，本质上是顺应自然对当时社会生产活动进行管理的一种工具或方法，他奠定了中华民族独有的“阴阳”分析方法论，融观天、计数、卜筮及生产为一体，是上古时代管理智慧的结晶。“阴阳”分析方法是顺应自然之大“道”，也是中华“道”文化之源，更是中华管理思想之源。

（二）黄帝统一历法：中华社会管理思想的萌芽

黄帝（公元前2697~前2599年），少典之子，本姓公孙，因出生成长于陕西姬水，因而改姓姬，居轩辕之丘（在陕西省武功县），故号轩辕氏。黄帝为中国开化时代最初的君主，亦被承认为中华民族的共祖，《史记》称其“以土德王，故号黄帝”。[②]黄帝也被道教尊为道家之祖，在道教中有特殊的地位。

司马迁在《史记》里对黄帝是这样描写的：“生而神灵，弱而能言，幼而徇齐，长而敦敏，成而聪明。”[③]黄帝从出生到成长就不是一般人物。他15岁被群民拥戴当上轩辕部落酋长，37岁登上天子位，黄帝一生重大贡献在于历经53战，打败了榆罔，诛杀蚩尤，降服了炎帝，结束了战争，统一了三大部落，告别了野蛮时代，建立起世界上第一个有共主的国家，成为中华民族第一帝，中华人类文明从此开始了，所以后世人都尊称轩辕黄帝是中华人文始祖。

在上古时期，历法是最原始最古老的“道”。中华始祖黄帝建立古国体制之初，为了便于国家管理，命大挠氏探察天地之气机，探究五行（金、木、水、火、土），始作甲、乙、丙、丁、戊、己、庚、辛、壬、癸十天干，及子、丑、寅、卯、辰、巳、午、未、申、酉、戌、亥十二地支，相互配合成六十甲子用为纪历之符号。根据《五行大义》中记载，大挠“采五行之情，占斗机所建，始作甲乙以名日，谓之干，作子丑以名月，谓之枝。有事于天则用

① 贺华章：《周易大全·易传》，陕西师范大学出版社，2007年。

②③ （东汉）司马迁：《史记·五帝本纪》，中华书局，2006年。

日，有事于地则用月。阴阳之别，故有枝干名也”。天干地支，是大挠建历法时，为了方便做60进位而设出的符号。对古代的中国人而言，天干地支的存在，就像阿拉伯数字般的单纯，而且后来更开始把这些符号运用在地图、方位及时间（时间轴与空间轴）上，所以这些数字被赋予的意思就越来越多了。

黄帝用天干地支六十甲子用为纪历的符号，从而统一了原来各部落不同的历法。黄帝历法的创造，人们形成了年、月、日、时的概念，大大有利于当时社会政治经济的发展与管理。司马迁曾给予黄帝高度的赞扬，说“盖黄帝考定星历，建立五行，起消息，正闰余，于是有天地神祇物类之官，是谓五官。各司其序，不相乱也。无是以能有信，神是以能有明德。民神异业，敬而不渎，故神降之嘉生，民以物享，灾祸不生，所求不匮”。①

黄帝十分重视社会管理方式的发明与创造，由于农业发展，较长时间的定居成为可能，这就使得社会基本单元比较稳定，易于管理。黄帝发明了适合部族居住的宫室，与炎帝、蚩尤战争之后将都城建于涿鹿，即今之涿鹿县黄帝城遗址。黄帝时期开始出现了与平原农业水平相关的社会管理制度的萌芽。

《史记·五帝本纪》载：“（黄帝）官名皆以云命，为云师。置左右大监，监于万国……举风后、力牧、常先、大鸿以治民。”② 可见，黄帝特别注意网罗人才来管理社会，这些人才在各个领域做出了重要贡献，如数学：隶首作数，定度量衡之制；军队：风后衍握奇图，始制阵法；音乐：伶伦取谷之竹以作箫管，定五音十二律，合于今日；衣服：元妃嫘祖始养蚕以丝制衣服；医药：与岐伯讨论病理，作内经；文字：仓颉始制文字，具六书之法；铸造：采首山（河南襄城县南五里）之铜以造货币。其他还有造舟车、弓矢、房屋等发明。《帝王世纪》曾生动形象地记载了黄帝找寻贤士“风后”的传说，任命“风后”为相，“风后”根据八卦、阴阳、五行的理论演绎《奇门遁甲》一千零八十局，并建造了指南车。

《韩诗外传》卷八说：“黄帝即位，施惠承天，一道修德，惟仁是行，宇内和平。”③ 可以肯定，黄帝曾经想了许多办法进行部落联盟的管理，后世一些重要的社会管理制度可能就起源于黄帝时代。黄帝时代的政治建树——政治制度的创建、社会管理方式的发明与创造；文化成就——黄帝时代文字的发明、造型艺术、音乐舞蹈、制度文明、宗教祭祀等对后世产生了巨大的影响。

---

① （东汉）司马迁：《史记·历书》，中华书局，2006年。

② （东汉）司马迁：《史记·五帝本纪》，中华书局，2006年。

③ （汉）韩婴：《韩诗外传》，商务印书馆，1959年。

黄帝时代所创造的天干地支二十二个符号错综有序，充满圆融性与规律性。它显示了大自然运行的规律，即时（时间）空（方位）互动和（阴）与（阳）的作用结果。中国历法包含了阴阳五行的思想和自然回圈运化的规律，是中华管理文化的重要构成要素。

（三）文王演周易：《周礼》的中华人伦管理始点

周文王，姓姬名昌（公元前 1213 年~前 1117 年），纣王时为西方诸侯之长，史称西伯，是商末周族的领袖，他广施仁德，礼贤下士，发展生产，深得人民的拥戴。由此引起商纣王（后称殷纣王）的猜忌和不满，昏庸残暴的纣王听信谗言，将 82 岁的姬昌囚禁于当时的国家监狱——羑里城。姬昌被囚禁 7 年，其间他将伏羲的先天八卦改造成后天八卦。《曰者列传》阐明："伏羲作八卦，周文王演三百十四爻而治天下。"[①]《史记・周本纪》则记载："西伯盖即位五十年。其囚羑里，盖益易之八卦为六十四卦。"[②]《司马迁・报任安书》阐述："文王拘而演《周易》。"[③]

文王为什么要把先天八卦改造成后天八卦呢？因为他感觉到当时无论是天象还是地理，以及社会组织形态都跟从前的八卦不相适应了。日、月、星辰，地理环境都跟从前不同了，人们的思维方式和生存方式更发生了天翻地覆的变化。黄帝之前，人们改造自然征服自然的能力较低，只能顺应天时地利去逃避凶灾，人们过着平等自由的生活，并且以女性为社会的主体。而黄帝之后，人们改造自然征服自然的能力逐渐提高，人类已经能够改造世界而获得吉祥。社会形成了阶级，人们不再自由平等了，必须遵守一定的社会制度，社会才能安定。于是周文王有了一个大胆的想法——创造一种新的八卦理论代替伏羲的先天八卦，以适应当时的社会政治经济的发展。伏羲的先天八卦是以自然为主要对象，而文王的后天八卦是以人伦道德为主要对象，它以"天人合一"、"阴阳互补"、"中和均衡"、"进德修业"为圭臬，这在出现阶级社会后，具有重要的现实意义。所以，文王的后天八卦是以人伦道德管理为目标。

由于姬昌被囚禁，不可能通过圭表的阴阳变化来分析，这使他的八卦演绎脱离了圭表的制约，他综合八卦、阴阳、五行、甲子、天文地理知识，经过悉心钻研，将其规范化、条理化，演绎成六十四卦和三百八十四爻，形成了

---

① （东汉）司马迁：《史记・曰者列传》，中华书局，2006 年。

② （东汉）司马迁：《史记・周本纪》，中华书局，2006 年。

③ （东汉）司马迁：《史记・报任安书》，中华书局，2006 年。

《周易》的基础理论框架，为后人完成《周易》这部千古不朽的著作，打下了坚实的基础。这便是历史上著名的“文王拘而演周易”的故事。古人认为，“文王作卦辞，周公作爻辞，孔子作十翼”，传说周文王为《周易》作了卦辞、后来他儿子周公为《周易》作了爻辞，孔子为《周易》作十翼。其实《周易》是否真正由此三人完成在历史学家中是有很多争议的，《周易》的形成，还应该把黄帝时代创造的“天干地支”包括进来，总体来说，《周易》是古代中华先贤集体智慧的结晶。

《周易》以简单的符号和数字，以阴和阳的对立变化，通过“象、数、理”的分析，来阐述纷纭繁复的社会现象，显示成千上万直至无穷的数字，具有以少示多、以简示繁、充满变化的特点。它涉及人的命运、家庭婚姻、生老病死、国家大事等的管理，体现了中华最早的人本管理思想。《周易》以占筮的形式推测自然和社会的变化，内容几乎涵盖了人类社会的全部内容，被誉为“群经之首”。

《易》是中国古代先民在生活实践中形成、创造并流传下来的“符号学”著作。符号既是文字之源，也是数字之源；既是概念之源，也是精神之源；既是思想之源，也是文化之源。《易》之书出于距今3000多年前的中国古代，在夏、殷二朝代已各有其不同的版本，到了春秋战国时期《易》被人们奉为重要经典之书——《易经》，到了周代以后对《易经》的深入诠释（统称为《易传》）而形成《周易》（“经”加“传”）。后来儒学又把《周易》定为其经典系列“四书五经”的五经之首，《周易》也就被后人通称为《易经》。中国传统易学对《易经》多从象、数、义理等不同的角度进行研究，因而《易经》被看作是一部涉及哲学、天文学、数学、预测学、地理学、历史学的书，也被看作是中国的百家思想之源。

周文王在羑里演绎《周易》六十四卦序及所做的卦辞，本身包含着对周国未来的忧虑和对社会历史发展普遍规律的认识。文王八卦以乾父坤母作为六十四卦的开始，其中隐喻着父母所生的子子孙孙在发展壮大中互相之间的冲突与矛盾，并因此而产生的命运吉凶。周文王用八卦预言了人类在未来时期的灾难将来自人类本身。人们为了自己的利益将会在兄弟之间发生战争，所以，他在八卦中提出了以“礼”来加强对父与子、君与臣等不同阶层的约束力，使人们能够在“礼”的管理约束下减少因利益而发生的冲突。

周武王灭商纣王后，文王的儿子武王的弟弟周公摄政。周公东征后，周朝疆域辽阔，成了泱泱大国。为了有效管理幅员辽阔的帝国，他继承文王的管理思想，制定了《周礼》。

《周礼》是一部通过官制来表达治国方案的著作，内容极为丰富。《周礼》六官的分工大致为：天官主管宫廷，地官主管民政，春官主管宗族，夏官主管军事，秋官主管刑罚，冬官主管营造，涉及社会生活的方方面面，在上古文献中实属罕见。《周礼》所记载的礼的体系最为系统，既有祭祀、朝觐、封国、巡狩、丧葬等国家大典，也有如用鼎制度、乐悬制度、车骑制度、服饰制度、礼玉制度等具体规制，还有各种礼器的等级、组合、形制、度数的记载。

《周礼》最重要的是确立了王位由长子继承的“继承制”。同时把其他庶子分封为诸侯卿大夫。他们与天子的关系是地方与中央、小宗与大宗的关系。周公还制定了一系列严格的君臣、父子、兄弟、亲疏、尊卑、贵贱的礼仪制度，以调整和管理中央与地方、王侯与臣民的关系，加强中央政权的统治，这就是所谓的礼乐制度。这排除了周朝以前因“父死子继”、“兄终弟及”利益之争，而带来的国家动荡。周公还规定了所有官吏的职务和责任，提出了“以八柄诏王驭群臣”、“以八法治官府”、“以八则治都鄙”。《周礼》对官员、百姓，采用儒法兼容、德主刑辅的方针，不仅显示了相当成熟的政治思想，而且有着驾驭百官的管理技巧，严密细致的管理府库财物的措施，这一切体现了高超的管理运筹智慧。

这说明我们的先人在距今3000年前就已经在运用诸如组织、职能、协调、效率、控制等管理学的主要理念，对于提升后世的政治经济管理思想，有着深远的影响。

西周的礼乐制度，属于上层建筑范畴，周公所制定的“礼”，是维护统治者等级制度的政治准则、道德规范和各项典章制度的总称，后来发展为区分贵贱尊卑的等级教条。“乐”，则是配合各贵族进行礼仪活动而制作的舞乐。舞乐的规模，必须同享受的级别保持一致。西周的礼乐制度，形成了西周特色的礼乐文化与礼乐文明，对后来历代中国文化都产生了巨大而深远的影响。“礼”强调的是“别”，即所谓“尊尊”；“乐”的作用是“和”，即所谓“亲亲”。有别有和，是巩固周人内部团结的两方面。周朝早期，成王康王以《周礼》推行德政，国泰民安，史称“成康之治”。

从史实看《周礼》是一部上古集大成之作，是五帝至尧、舜、禹、汤、文、武、周公的经世大法的集萃。周公是五帝三代的集大成者，古人将《周礼》的著作权归于周公是十分自然的事。但历代学者众说纷纭，从古至今为此进行了旷日持久的争论。因为《周礼》面世之初，不知什么原因，连一些身份很高的儒者都没见到就被藏入秘府，从此无人知晓。直到汉成帝时，刘向、刘歆父子校理秘府所藏的文献，才重又发现此书，并加以著录。然而，如此重要的一部著作，却无法确定它是哪朝哪代的典制。

《周礼》书中有许多至今犹有生命力的，可以借鉴的制度。历史上每逢重大变革之际，多有把《周礼》作为重要的思想资源，从中寻找变法或改革的思想武器者，如西汉的王莽改制、六朝的宇文周革典、北宋的王安石等，变法无不以《周礼》为圭臬。清末，外患内忧交逼，为挽救颓势，孙诒让作《周官政要》，证明《周礼》所蕴含的治国之道不亚于西方。

以上对文王演《周易》、周公作《周礼》的演变过程做了简单的描述，这可以看到中华上古时代的人伦管理思想的发展脉络。

最后，我们在论述《周易》时，还必须谈到《系辞》。对《周易》的基本原理，《系辞》进行了创造性的阐述和发挥，认为“一阴一阳之谓道”，奇偶二数、阴阳二爻、八经卦、六十四卦，都由一阴一阳构成，没有阴阳对立，就没有《周易》，它把中国上古时期早已有的阴阳观念，发展成为一个系统的世界观，用阴阳、乾坤、刚柔的对立统一来解释宇宙万物和人类社会的一切变化。

通过对《系辞》的分析，笔者认为必须强调的是，《周易》最重要的贡献是结合“阴阳”的运用，创造了“象、数、理”这三个中国古代哲学独有的概念。在《周易》中，“象、数”主要指卦爻象和阴阳奇偶之数，“理”（亦称“义理”）主要指卦爻辞的文义和道理。北宋哲学家邵雍为此构建了一个先天象数易学体系，它由三部分构成：“象、数、理。”直白地说：“象”是指先天图式的卦象，“数”是指每一卦所表示的数，“理”则是“象”和“数”中所蕴含的天地万物之理。

对于这套易学体系，冯友兰曾经评价说：“如果专用卦气说讲《周易》，《周易》就不成为《周易》，而成为一种气象学了。其实，《周易》所讲的并不是某一种‘学’，不是某一种自然和社会的事物之学。它所讲的是自然和社会事物的发展变化的总规律、总公式。在任何‘学’中，这个总公式都可以适用，但这个总公式却不限于任何‘学’中，这一点邵雍是知道的。他的圆图所表示的，就是这个总公式。就这一点说，邵雍是真懂得《周易》的。”① “象、数、理”这三个术语从一定程度上昭示了中国古代思想家把握宇宙和人生的

---

① 冯友兰：《中国哲学史新编》（第五册），人民出版社，1988 年。

一种思维形式，这种思维形式在《周易》这部重要经典中得到了充分呈现，它们一方面内含着一个形象和符号世界即“象、数”世界；另一方面彰显着一个功能和意义世界，即“义理”世界，古代先祖在对社会政治经济的管理过程中无疑是将其作为方法论工具而用于解析现实问题的。①

所以我们说：《周易》中的“象、数、理”是中国哲学的一个基本方法论，它是揭示自然和社会事物的发展变化的总规律、总公式。既然作为方法论，“在任何‘学’中，这个总公式都可以适用”，那么我们将其用来分析研究经济学和企业管理问题也是顺理成章的，在以下分析企业管理方法时必将用到。

二、“大道无形”：老子管理思想对中国的影响

老子（约公元前571~前471），姓李名耳，字伯阳，号老聃，春秋时楚国苦县人（今河南省鹿邑县太清宫镇）。老子的《道德经》著于春秋战国时期，距今已有2000多年的历史了。这部道家的经典著作仅有五千言，但独具特色，虽是文的形式，却有“诗”的风致，确是一部辞意锤炼、词约义丰、生动形象的“哲学诗”。《道德经》中蕴含的丰富哲理，古往今来受到众多学者的高度重视，其中的许多隐喻揭示了当代科学的发展方向，是一座取之不尽的智慧宝矿。

中华文明经过几千年的积累和发展，成为《道德经》思想产生的源泉。老子以“道”哲学为核心建构了中华民族认识世界、改造世界的独特思维方式和管理模式。

（一）老子管理哲学：《道德经》之“道”

老子管理哲学体现在《道德经》的“道”中，它体现为：①理论基础是“道法自然”、“无为而治”、“有无相生”；②思想基础是秉持“三宝”，即“慈”、“俭”、“不敢为天下先”；③方法论特点是“三生万物”、“负阴抱阳”和“均平”。下面就这些内容分别展开论述。

1. “道法自然”

“道法自然”，即所谓“人法地，地法天，天法道，道法自然”（《道德经》

---

① 张其成：《“象数”与“义理”新论》，《哲学研究》，1995年第10期。

第25章)。无为即自然，是老子哲学的基本观点。他的人性论、认识论和一视同仁的主张、包容思想和柔弱谦下的治术都从“道”引申而来。可以看出，“道法自然”与西方世界“自发社会秩序”的分析理路有着惊人的相似之处。“功成事遂，百姓皆谓我自然。”(《道德经》第17章)只要人类社会能够依照其自发自生的秩序运行，就可以实现人类社会内部及人类与自然界的和谐发展，人类尊重“道”，就会天下太平；背离“道”，就会遭殃。

2. 无为而治

老子将“道”视为宇宙之本，而道之本性则是“常无为而无不为”，即“道”对于宇宙万物是“万物恃之而生而不辞，功成而不有，衣养万物而不为主”(《道德经》第34章)。就道生成万物、成就万物而言，道是“无不为”的；就道对于万物“不辞”、“不有”而言，道又是“无为”的。从本质上讲，这是“无为”与“无不为”的有机统一。天地万物的生成与存在，皆是“无为也而无不为”的。老子正是从这一思想出发，认为治国安民，要反对“有为而治”，而主张“无为而治”。在他看来，“为无为，则无不治”(《道德经》第3章)，“圣人无为故无败，无执故无失”，圣人“无为而无不为，取天下常以无事；及其有事，不足以取天下”(《道德经》第48章)。老子把“无为”看作圣人“取天下”和“治天下”的手段。老子认为任何事物都要顺应它自身的情况去发展，不必参与外界的意志去制约，事物本身就具有潜在性和可能性。“自然”就是道，它就是规律、就是法则。

这里的“无为”并不是什么都不做，并不是不为，而是含有不妄为、不乱为、顺应客观态势、尊重自然规律的意思。老子说过“无为而无不为”，意思是说：不妄为，就没有什么事情做不成的。这里，“无为”乃是一种立身处世的态度和方法，“无不为”是指不妄为所产生的效果。“为无为，则无不治。”意思是说以“无为”的态度去对待社会人生，一切事情没有做不到、办不好的。因此，老子所讲的“无为”并不是消极等待，毫无作为的，而是“为无为”、“为而不恃”、“为而不争”，即以“无为”的态度去“为”，去发挥人的主观能动性。

3. 有无相生

老子的“有无相生”的思想是一种辩证思想。老子说：“天下万物生于有，有生于无。”(《道德经》第40章)这里的“有”可以理解为看得见、摸得着的物质世界；“无”并不是指什么也没有，它只是“视之不见”、“听之不闻”、“搏之不得”(《道德经》第14章)。老子的“有无相生”的思想已为现代管理研究者所重视。20 世纪 80 年代初《日本的管理艺术》曾畅销一时，该书在谈到西方与日本在思想观念上的差异时指出，日本人不把空间看作没有东西，而是“充满了无”，认为“无”有它自己的存在。“有无相生”思想可帮助我们认识现代管理中的硬件与软件的关系。“有”可理解为硬件设施——物质资本，“无”可理解为现代管理中的软件，包括思想、精神、文化等——人力资本、智慧资本、社会资本。各种硬件要有思想、精神等软件去安排建立，要通过软件充分发挥作用。如要办好企业，关键在于提高企业的素质，特别是企业领导人的素质，这些是看不见、抓不着的“无”，而它们却是企业搞好经营，生产出更多更好物质产品的前提条件。“有无相生”思想对企业的创新、发展也提供了诸多启示。当企业处于困难境地时，“有生于无”的思想可激励管理者奋发图强，排除暂时的困难；当企业情况良好时，“有生于无”的思想可勉励管理者不断创新，告诫管理者不进则退，“有”是可以蜕变为“无”的。

4. 秉持“三宝”

老子政治经济管理思想的基础是秉持“三宝”，即“一曰慈，二曰俭，三曰不敢为天下先。慈，故能勇；俭，故能广；不敢为天下先，故能成器长”(《道德经》第 67 章)。

关于这“三宝”，唐末道士杜光庭认为“三宝”是“理国之本”、“道之用是”。“三宝”是三大原则：

先说“慈”，杜光庭认为“道存爱育，以慈为先”。他说：“理国之道，务先爱民，民为国本，不可弃也。”“理国之本，养人为先。”

次说“俭”，杜光庭认为“俭”是国富民归的关键。他说：“俭啬为政，国必丰财。上无甚贵之奢，下无箕敛之怨，以此理人则人顺，事天则天明，天下之人相率而归其德矣。”“节财则省费，省费则人丰，人丰则国安而力足矣。”

再次说“不敢为天下先”，杜光庭认为应该“先人后己，以让为终”，因为“谦和则人服”(《道德真经广圣义》卷四十五)。老子认为“飘风不终朝，骤雨不终日”(《道德经》第 23 章)，而且，“柔弱胜刚强，鱼不可脱于渊，国之利器不可示人”(《道德经》第 36 章)。“坚强者死之徒；柔弱者生之徒。是以兵强则灭，木强则折。”(《道德经》第 76 章) 老子的这些话说明了：柔能胜刚，柔是有生命力的表现，万事不要强出头，逞强是不能持久的，以退为进，不为天下先，才能保存自己的实力，防止向相反的方向转化，从而立于不败之地。

"不敢为天下先"，就是以天下为公，不使个人的一己私利居前，不以个人荣辱为重，凡事以大众和组织的利益放第一，绝不愚蠢无知地把个人的利益、价值和重要性置于整个国家、民族或组织利益、价值和重要性之上，从而实现"有为"、"大为"甚至"天下先"的人生大目标，达到"无为而治"，进而修得"生而不有，为而不恃，长而不宰"的人生"玄德"境界。

老子的这些思想包含了丰富的辩证法思想，他的这些思想既涉及矛盾的对立统一规律，又涉及量变质变规律，表现了他的很高的思辨水平，这些思想运用到管理上，无疑会产生良好的管理效果。

5. 三生万物

"三生万物"是老子道家学说最重要的哲学思想。老子在《道德经》第42章说："道生一，一生二，二生三，三生万物。万物负阴而抱阳，冲气以为和。"老子在这里提出了世界本原的问题，开创了本体论，这个本体论反映了天地万物的规律。老子的本体论不是一元论而是多元论。

从"三生万物"的视角来看，世界上的事物都是由三种要素形成的。当代杰出的奥裔英籍哲学家卡尔·波普尔（K. R. Popper）在20世纪60年代中期提出的"三个世界"的哲学观点，为老子"一生二，二生三，三生万物"，作了完整的本体论的注解。

波普尔在"三个世界"的理论中将世界分为三个部分："第一，物质世界——物理客体或物理状态的世界；第二，心灵世界——意识状态或精神状态的世界，或关于活动的行为意向的世界；第三，心灵产物的世界——思想的客观内容的世界，尤其是科学思想、诗的思想以及艺术作品的世界。"[①] 并将它们分别称为："世界1"、"世界2"和"世界3"。波普尔认为"世界1"、"世界2"和"世界3"是构成大千世界的三个基本要素，宇宙和世界的万事万物都可归类于这三个基本要素中。波普尔从发生学意义上描述了物质、精神以及精神产物的必然性，体现了先有物质世界，后有精神世界，再有精神产物世界的亚宇宙观。这正暗合了老子"一生二，二生三，三生万物"的深刻思想。波普尔在当代提出的哲学思想与老子在距今数千年前的思想竟然如此暗合，而且老子的思想比卡尔·波普尔对世界本质的理解更深刻、更全面，当笔者顿悟到这一点时，内心极为震撼！关于"三生万物"的哲学内涵将在本书

① 卡尔·波普尔：《客观知识：一个进化论的研究》，舒炜光、卓如飞、周柏乔、曾聪明等译，上海译文出版社，2001年。

第四章详细阐述。

（二）老子管理思想对汉、唐国家管理的影响

1. 文景之治

秦末战乱，整个国家元气大伤，社会动荡不安，经济遭到严重破坏，致使西汉初年，社会经济非常贫困。史书上记载当时的情况是：老百姓无法在田地上生产，到处是饥荒，发生了人吃人的现象，百姓死者过半。那时连皇帝也坐不上四匹纯一色的马拉的车子，将相们只能坐牛车。面对着这种形势，恢复和发展封建经济成为巩固统治的当务之急。汉初的统治者采取了休养生息的政策，颇见成效的“无为之术”推行于全国，减轻徭役赋税负担，注重发展农业生产，以巩固封建统治。文景两代，继续大力推行这一政策，因而促进了社会经济的较快发展。历史文献中记载了汉初统治者采取的一些良策，如陆贾认为：“夫道莫大于无为。”司马迁写道：“孝惠皇帝、高后之时，黎民得离战国之苦，君臣俱欲休息乎无为。”①

经过劳动人民几十年的辛勤劳动，到景帝末年和武帝初年，社会和国家已经比较富庶。司马迁在《史记·平准书》中记载说：“非遇水旱之灾，民则人给家足，都鄙廪庾皆满，而府库余货财。京师之钱累巨万，贯朽而不可校；太仓之粟，陈陈相因，充溢露积于外，至腐败不可食。”由此可见，文景时期政治清明、经济发展，人民生活安定，确实称得上是太平盛世。因此史家称这段统治时期为“文景之治”。

“文景之治”扭转了汉初以来经济破败、政局动荡的局面，代之以“吏安其官，民乐其业，畜积岁增，户口寖息”、“海内安宁，家给人足，后世鲜能及之”的安定、繁荣景象，奠定了西汉盛世的坚实基础。西汉人口达到6000万之多，其后直至1500年后的明朝方超过此数。人口的增长从另一个侧面反映了汉朝统治者管理有方，他们实践了老子的管理思想，取得了良好的效果。

2. 贞观之治

我国另一个为人乐道的鼎盛时期在唐朝，在世界历史上同样产生了深远的影响，至今在外国的中国人聚居地还称为唐人街或唐城。但是不管是“贞观之治”，还是“开元、天宝盛世”，都是与老子管理思想分不开的。李

① （东汉）司马迁：《史记·吕后本纪》，中华书局，2006年。

唐王朝自称“出自柱下”，得天下时即承道士们的大力相助，治天下时奉《老子》为圭臬。唐初君臣是十分重视“清静无为”的。唐太宗说“君无为则人乐”。[①] 魏征说：“无为而治，德之上也。”宫中嫔妃也知道“为政之本，贵在无为”。唐太宗“惟欲清静，使天下无事”。他说“君能清静，百姓何得不安乐乎”。

唐初实行宽刑薄赋政策。唐高祖一起兵就“布宽大之令”，太宗则进一步实施轻刑方针，他要求：不轻易变制，法律条文要精简。他说：“民之所以为盗者，由赋繁役重，官吏贪求，饥寒切身，故不暇顾廉耻耳！”他认为：“去奢省费，轻徭薄赋，选用廉吏，使民衣食有余，则自不为盗，安用重法邪！”（《资治通鉴》卷一百九十二）唐朝政府还用法律来保证这一点，“非法兴造”者以坐赃罪论处。

唐太宗引用《老子》教育臣下说：“古人云：‘不见可欲，使民心不乱。’固知见可欲，其心必乱矣。至于雕镂器物，珠玉服玩，若态其骄奢，则危亡之期可立待也。”他下令：“自王公以下，第宅车服、婚嫁丧葬，准品秩不合服用者，宜一切禁断。”他自己这方面也堪称表率。据说：“二十年间，风俗简朴，衣无锦绣……”[②]

唐玄宗前期主要实行的也是老子清静无为的治国之术，他自己还亲注《老子》，并把《老子》命名为《道德经》。唐玄宗说：“清静者万化之源……无为者太和之门……求所以理国理身，思至乎上行下效。”（《全唐文·为玄元皇帝设像诏》）因为如此，方有开元、天宝盛世。

第三节

“道”对西方经济管理思想的影响

近年来中国经济学者的研究表明，中国古典哲学与西方的国家管理思想之间，有着明显的内在联系。特别是中国道家的思想对西方国家政治经济管理理论的形成起了“催化剂”的作用。从老子的“道法自然”，到魁奈的“自然秩

① （唐）吴兢：《贞观政要·务农》，上海古籍出版社，1978 年。
② （唐）吴兢：《贞观政要·俭约》，上海古籍出版社，1978 年。

序”，再到斯密的“看不见的手”，其间有一条清晰可见的思想脉络。正是在十七八世纪欧洲崇尚中国运动中，中华文化对现代经济学的先驱魁奈和斯密产生了深刻影响，从而对西方国家管理理论的形成产生了某些启示性的影响。国家管理理论在经济层面来看就是我们所说的经济学，所以这一节，主要从“道”与国外经济学思想的联系来阐述。

一、“道法自然”对魁奈自然秩序思想的影响

谈敏教授在1990年的《重农学派经济学说的中国渊源》一文中指出：“十七八世纪，同近代经济学独立形成一门科学的发展时期相伴随，在中国与欧洲尤其是与法国之间，曾经有过一段极不寻常的以西方效法中国为其显著特征的文化交流历史，持续达一个半世纪之久。”从经济学角度看，人们首先注意到在当时的独特历史条件下，孕育并产生了以崇尚中国文化著称的法国重农学派。其学派领袖魁奈被誉为“欧洲的孔子”，他的传世之作《中国的专制制度》，标志着“中国典范的影响达到了它的顶点”。[①]

自然秩序思想是重农主义体系的哲学基础，所谓“重农主义”一词，其法语“Physiocratie”原文的本义亦指“自然的统治”。对于这个重要思想，一般的史学论著历来认定它是在18世纪欧洲启蒙思想的影响下，直接继承西方传统的自然法观念发展而成的。但谈敏教授证实：重农学派提出“自然秩序”思想，与他们所掌握的中国古代学说之间有着很深的渊源关系，其密切程度甚至超出了这一思想同西方传统自然法观念之间的继承关系。这一方面是由于那一时期“欧洲学者均倾心中国文化，把古希腊的文化扔在一边”。另一方面尤以重农学派在大量输入的中国文化的冲击下，对欧洲传统文化采取了批评态度，如魁奈宣扬孔子的《论语》“胜过于希腊七圣之语”，他的门徒指责“希腊各共和国从来不了解秩序的规律”等，就是这一学派的典型论调。魁奈是那一时期西方众多的《易经》崇拜者之一。他宣扬中国学者“最为尊重”这部变易之书，其作者伏羲是“学问良好的统治之父”。魁奈推崇《易经》首先在于它揭示了“统治国家的极其重要的奥秘”。

① 谈敏：《重农学派经济学说的中国渊源》，《经济研究》，1990年第6期。

二、《易经》与《经济表》

魁奈《经济表》的思想也被认为起源于《易经》。在考察魁奈《经济表》的思想起源之“谜”时，谈敏教授指出：与魁奈同时代的学者克莱尔认为，“直至十年前（也就是1759年），这种自然秩序的原则才被欧洲所发现，并在法国产生了‘应用这一原则的天才’即《经济表》的作者魁奈”；另外，当时重农学派的支持者和反对者，均将《经济表》比作《易经》六十四卦。支持者称赞“此表能以寥寥数字将经济原理解析明白，犹之伏羲六十四卦能将哲学要义解析明白”。反对者亦将《经济表》与《易经》卦图并列刊出，显示这个表如同“以六十四卦构成的《易经》用线条联结以表示每一个因素的变化”，但批评“它们两个都非常难以理解”。另外一些现代学者也肯定魁奈的经济表“是从《易经》和伏羲六十四卦得到启发”。① 可见，魁奈的《经济表》中特别为后代经济学家所称道的那些重要贡献，如执简驭繁原则、宏观或总体分析方法、均衡理论、对整个经济生活的有机制系的描述等，均可在魁奈视若神圣的《易经》里找到与它们类似的思想要素。《易经》讲求“易简”即以简驭繁，掌握事物变化的统一规律以驾驭各种复杂现象，这恐怕就是魁奈理解《易经》“奥秘”之所在。

另外，盛洪教授也认为现代西方世界的国家管理思想的形成，有着非常深远的中国渊源。这两种文化在现代经济学的孕育过程中，在现代市场经济的发展之初的沟通，是有案可查的。他在《现代经济学的中国渊源》一文中指出，原来斯密所“发现”的原理，在距今2000多年前已经被中国的先哲们用另一种语言更为简洁和优美地表达过。“兼相爱，交相利”，可以被看作是“合作比不合作好”的另一种阐述；“无为而无不为”显然有着比“看不见的手”更为宽泛和深远的内涵；对自然秩序的赞颂和追随可以反映在下面的话中：“人法地，地法天，天法道，道法自然。”

三、《道德经》与斯密《道德情操论》

盛洪教授认为，斯密作为一位知识分子，不可能不受到当时在欧洲盛行的

---

① 谈敏：《重农学派经济学说的中国渊源》，《经济研究》，1990年第6期。

崇尚中国运动的影响。这种影响一方面是通过魁奈以及重农学派，一方面是他直接感受的。《中华帝国的专制制度》一书中指出：1763 年和 1764 年，大卫·休谟和亚当·斯密曾在巴黎或凡尔赛拜访过魁奈。[①] 不仅如此，中国古典哲学实际上直接影响到了斯密。在《中国：欧洲的楷模》一书中，作者马弗里克谈道，“孟子有关人的完美性的信条可能会影响到诸如朱德温这样的欧洲人，就像他有关仁爱的思想会对斯密写作《道德情操论》有所启发一样”。[②] 盛洪教授指出，长期以来这些历史事实一直没有离开专家的书斋而成为大众的常识，甚至没有成为经济学界的共识。相反，流行的却是似是而非的历史。很少有人知道，中国在秦汉以后，就是一个契约性的商业社会。更少有人知道，中国很早就奉行过市场调节的自由经济政策，并取得了相当的成功，如汉代的文景之治、唐代的贞观之治等。盛洪教授批判这一现象时指出：“由于对中国文化和经济史缺乏了解，在改革开放后，人们（包括我自己）对能够接触到的西方经济学欣赏有加，并用来证明中国文化的无用和‘全盘西化’的必要。这是一个极大的讽刺。”

四、《周易》与演化经济学

近年，演化经济学在中国引起了广泛关注。贾根良教授认为，从科学新范式的角度来看，演化经济学与中国古代演化思想之间在深层结构上存在着惊人的相似性。《周易》是一部“关于变易和创造性的著作”，“变化日新”是其思想精髓，这无异于演化经济学研究纲领之“硬核”的“新奇创生”。中国古代演化思想在哲学基础上不仅与演化经济学具有广泛的共同性，而且可能具有更深刻的思想。在西方演化经济学引入到中国后，通过对中国古代演化思想进行创造性的转化，我们就有可能创造出“中国的演化经济学”。[③]

贾根良教授指出，就经济学而言，现代演化经济学的发展是以进化生物学、系统论和非平衡热力学中普里高津的耗散结构等理论为基础的，而后两者与中国古代有机整体论思想具有惊人的类似性。著名演化经济学家布莱恩·阿瑟在谈到复杂系统科学时就指出，东方哲学一向把世界看作是一个复杂的整体，“复杂性的特点则完全是道教的。在道教中，秩序不是天然固有的，‘道生

① 魁奈：《中华帝国的专制制度》，商务印书馆，1992 年。

② 盛洪：《现代经济学的中国渊源》，《读书》，1994 年第 12 期。

③ 贾根良：《中国古代演化思想与中国演化经济学的发展》，《南开学报》，2004 年第 4 期。

一，一生二，二生三，三生万物’。在道教中，宇宙是广袤的、无定性的、永恒变化的”。作为复杂系统科学的一个重要研究领域，演化经济学未来的发展要与中国文化发生联系是必然的事情。

正如胡寄窗教授在《法国重农学派学说的中国渊源》的序言中所指出：“人们终于理解到古代中国和古希腊罗马的先行思想均曾在世界经济学说发展的航程中起过各自的启示作用。此外，这一著作还透露给人们另一种启示，那就是，两个多世纪以前的中国人民的经济思想既能成为近代经济学创始者之一的重农学派学说的理论渊源，则沉睡了两个多世纪之久的东亚睡狮既已惊醒之后，也一定会在不远的将来对世界经济学说做出自己的新的贡献。”①

中国的学者在过去的10年探索中，已经发现了现代经济学的“根”与中国古代“道”哲学的联系。那么当代中国新管理学的发展，也可以从中国古代“道”的哲学中受到启发，找到一些有价值、有说服力的解释，而形成我国独有的管理理论。

---

① 胡寄窗：《经济学说史研究中的重大突破——评〈法国重农学派学说的中国渊源〉》，《经济研究》，1992年第9期。

第二章 “阴阳之道”：企业理论的演化创新

天地之间，其犹橐籥乎？虚而不屈，动而愈出。多言数穷，不如守中。

——《道德经》第5章

万物负阴而抱阳，冲气以为和。

——《道德经》第42章

老子说：“天地之间，其犹橐籥乎？虚而不屈，动而愈出。多言数穷，不如守中。”若大家细心思考一下，就会发现老子实际上在此提出了“黑箱”理论。“橐籥”即古代用手操作的鼓风工具，即风箱，其本质是一个“黑箱”。老子把天地当作一个“黑箱”，它浩渺空虚而永不枯竭，运动越多输出的就越多，而这一切是难以用语言来表达的，不如顺其自然而为。当我们回顾企业理论的历史发展过程，企业不也犹如一个深不可测的“黑箱”吗？各派学术观点众说纷纭，至今没有定论。

企业是什么，为什么企业能存在？企业的边界在哪？没有人问我们时，我们似乎知道，当有人问我们时，我们想回答，却茫然不知所措。这个看上去十分简单的问题，已经令经济学家们头痛地争论了几十年。当我们回顾企业理论的历史发展过程，企业犹如一个深不可测的“黑箱”，各派学术观点众说纷纭，以至于张五常说：“我们不知道企业究竟是什么。”[1] 要打开企业这个“黑箱”，中国的“道”哲学为我们提供了方法论工具，那就是顺应“阴阳”。

“阴阳”，是中国古代哲学的一对范畴。《易经·辞系上传》第5章指出：

① 张五常：《经济解释：张五常经济论文选》，商务印书馆，2001年。

“一阴一阳之谓道，继之者善也，成之者性也。”① 其意是，阴阳为道，能顺阴阳，合天道，人与事就会圆满完善。秉受天道，归顺阴阳，人与事就能回归本性。

从“阴阳”看，在当代，企业的资本构成正在发生质的变化。在一些企业中，特别是在知识型企业中，“阳”性的物质资本的比重在不断下降，“阴”性的人力资本、智力资本②的比重越来越大，并在企业中起主导作用。中国学者最近十年关于实体资本与虚拟资本的研究，其本质上就是顺应“阴阳和合”的中国哲学，追求社会经济的和谐发展。

中国学者将“虚拟资本”界定为：“那些不具备传统资本的实物形态，而事实上却可以决定未来收入流的具有资本特性的东西。”“虚拟资本”理论的本质，是对那些不具备传统资本实物形态的东西进行“资本化定价”。③

“虚拟资本”就如中国“道”哲学中“无”的概念，老子说：“故常无，欲以观其妙；常有，欲以观其徼。”（《道德经》第 1 章）其意是要从“无形”中去认识事物的本质，要从“有形”中去认识事物的边界。所以，我们要从“无形”的虚拟资本中去发现“企业”的本质，要从“有形”的实体资本中去认识企业的边界。“无”是万物之母，只有认清了企业的性质和边界后，才有可能对现代企业管理指出科学的方向。

过去十几年来，大多数“虚拟资本”研究者继承马克思传统，把“虚拟资本”研究的重点放在金融领域，主要研究货币、股票、期货与金融衍生品方面。笔者认为，中国特色的虚拟资本理论不能只限于金融领域，而要寻求突破，否则将缺乏生命力，只有将其引入到企业微观基础层面才能让它迸发强大的理论思维光芒。

近年来，一些学者尝试把“实体资本”与“虚拟资本”理论引入企业理论分析，认为“物质资本”等有形生产要素，属于“硬资产”——“实体资本”范畴；而“人力资本、智力资本、社会资本”等，由于它们阴柔无形，变幻莫测，所以属于“软资产”——“虚拟资本”范畴。成思危先生也多次

---

① 贺华章：《周易大全・易传》，陕西师范大学出版社，2007 年。

② 本书的“智力资本”概念与当前经济学界流行的不同。当前学界流行的“智力资本”被作为比“人力资本”更高层次的概念来看待，把“人力资本”包含于“智力资本”概念之中，国内外许多学者都遵循了这种定义。但笔者认为从逻辑上说，人力资本应与物质资本、智力资本并列而成为企业基本的生产要素，而不能作为比智力资本更低的概念来定义。见《论人力资本与智力资本的“虚拟资本”性质》，《当代财经》2007 年第 8 期。

③ 徐鸣：《论人力资本与智力资本的“虚拟资本”性质》，《当代财经》，2007 年第 8 期。

指出，知识资本、社会资本属于“虚拟资本”范畴。①

回顾近现代企业理论的发展进程，正是顺应了“阴阳”的关系，从重视企业“有形”和“实体资本”的方面，发展到目前越来越重视企业“无形”和“虚拟资本”的方面。从企业理论的发展史来考察，经济学中企业理论的创新发展，经历了新古典经济学、新制度经济学以及演化经济学三个阶段。从中国“道”哲学来观察，企业理论的三个发展阶段，经历了一个由注重“阳”——“有形”资源和“实体资本”，进而注重“阴”——“无形”资源和“虚拟资本”，最后达到“阴阳和合”的历史演进过程，并最终显示了把企业中“有形”资源、“实体资本”与“无形”资源、“虚拟资本”结合起来分析考察的趋势，体现了老子“万物负阴而抱阳，冲气以为和”的哲学观，也越来越接近现实经济生活中企业的本质。

所以，我们必须顺应当代企业和企业管理的历史发展进程，用新的管理范式代替旧的管理范式，从而建立中国特色的东方企业管理理论。

“道可道，非常道。名可名，非常名。”老子在《道德经》第1章就开宗明义地提出了一个科学方法论的问题。对于自然和人类来说，人们认识了许多客观规律，并提出了相应的科学理论。但老子认为，用言语表述出来的“道”（客观规律、科学理论），在它们表述出来后就会发生变易，它就不是永恒的“道”（客观规律、科学理论）了；能用文辞去阐述的事物的“名”（概念、观念），在它们提出来后就会发生变易，也不是永恒的“名”（概念、观念）了。正所谓“可道可名则有变有易，不可道不可名则无变无易”。②科学理论发展是新范式代替旧范式的发展过程，对于企业理论和管理学来说也是如此。

第一节

新古典企业理论：立足“阳”的“有形”资源分析企业

新古典企业理论与古典企业理论一脉相承。从道家的观点分析，古典企业

① 成思危：《什么是虚拟经济》，光明网（http://www.gmw.cn/content/2010-01/09/content_1032898.htm）。

② 朱谦之：《老子校释》，中华书局，1984年。

理论和新古典企业理论都是从“阳”的视角来分析企业本质，立足于企业的“有形”资源和“实体资本”因素的组织和协调，重视企业外部因素的影响，企业内部“阴”性的“无形”资源和“虚拟资本”的因素被忽视了。

一、古典企业理论

古典经济学鼻祖亚当·斯密虽然在《国富论》中从来没有直接论述企业理论，但他以“别针工厂”的例子说明了分工协作能促进工厂生产效率的提高，从而暗示了企业为什么存在与发展的原因。斯密主要是从“阳”的视角来观察分工是如何提高生产率的，认为将人们组织在一起进行专业化的分工协作，至少通过以下三方面促进了劳动生产率的提高：第一，使劳动者的技巧因业专而日进，熟练程度不断提高；第二，节省了工人转换工作岗位所损失的时间；第三，促进了技术的发明与运用，这将使一人可能从事许多人的工作从而提高劳动生产率。[①] 既然分工协作可以促使企业不断地发展，那么企业的规模是不是会一直扩大下去呢？斯密认为，企业的规模不会持续扩大，它将受地区消费结构以及市场范围的限制，为此他专门在《国富论》中写了“论分工受市场范围的限制”一章。他指出，当市场规模很小时，分工会导致企业生产出来的产品无法进行交换，进而影响效益的提高。所以，斯密在讨论分工的同时，也描述了分工的协调机制——市场，由于“看不见的手”的自发力量使每个人都为自己利益最大化行动的同时使人们的交互行为达到和谐的效果。

斯密关于分工提高生产率，分工受市场范围限制的洞察是非常重要的经济学意义思想，其后人被称为斯密定理，概括来说即分工是经济增长的源泉，分工水平由市场大小决定，市场大小由运输效率决定，资本是各间接生产部门发展分工的工具。虽然斯密有了分工能提高生产率，分工受市场范围的限制的洞察，但却缺乏关于企业发展的专门叙述，他没有回答企业的出现和分工的发展究竟谁是先导的问题。

---

① 亚当·斯密：《国民财富的性质和原因的研究》，商务印书馆，1972 年。

二、新古典企业理论

在新古典经济学中，以马歇尔为代表的新古典企业理论把企业看作一个“黑箱”，从“黑箱”的一端投入土地、资本与劳力等生产要素，从“黑箱”的另一端输出产品。在这种前提下，企业被定义为：将若干投入转化为产出的生产经营性组织。企业被视为单纯的生产者厂商，实现利润最大化是它的唯一目标。为了实现这个目标，理性的生产者在能够获得市场的完全信息的前提下，根据技术、市场需求和竞争环境等约束条件有效地组织生产，从而实现利润最大化。在这种条件下，企业的生产函数被定义为：在技术水平不变的情况下，厂商在一定时期内使用可能的生产要素组合与所能生产的最大产量之间的关系。这样企业的内部运行就如一个“黑箱”，从而企业唯一的功能是根据边际替代原则对生产要素进行最优组合，实现最大的产量或最低的生产成本。为了实现利润最大化，企业必须在边际成本等于边际收益的点上作出生产决策，从而实现企业资源的最优配置。一个企业的效率是随规模而变化的，在其他条件一定的情况下，总会存在——当且仅当边际收益等于边际成本时——能够使企业效率最高的规模，即最佳规模。

新古典企业理论放弃了社会生产关系和经济制度的影响，单纯从“阳”性生产因素—— 物质资本的方面上分析企业的生产运营，企业存在的意义在于提供物质产品满足市场的需求。新古典企业理论忽略了企业内部的管理和组织对于企业获利能力的影响，因为管理和组织属于无形的“阴”性生产因素，在当时的社会经济条件下，人们还没有认识到管理和组织的重要性，而把物质生产放在第一位。企业的概念只是为了把生产过程与消费过程分开，只是为了区分生产者与消费者理论含义的不同。在这种理论中企业所需要的全部就是劳动、资本、土地等几类生产要素，并以之来决定分配关系。在新古典企业理论中，企业只是一个生产单位而已，当然它也可以是一个人的单位。

新古典企业理论抓住了企业的一个重要特征，即企业具有生产功能。企业的基本功能是在一定的约束条件下，进行生产经营活动，生产出能够满足社会需要的产品和服务，从而使自己获得生存和发展的可能。因而，企业的生产属性是企业性质中最基本也是最重要的属性。但新古典企业理论只是简单地将企业视作一个生产函数，未能认识到企业所扮演的社会角色以及企业内部或企业与外部的联系问题。新古典企业理论还把企业看作是同质的，决定企业的活动边界和生产率的变量是外生的。严格的“供给—需求”分析框架是静态的，这样企业自身的交易性质和能力问题被完全忽视了。

正如杰克·弗罗门（Jack J. Vromen）指出：“在新古典企业理论中，企业被看作是一个单一的代理人。或者更准确地说，企业家隐含地被认为是企业的人格化代表。企业行为就等价于企业家的行为。在企业内部发生的事情被留在黑暗之中，而企业被作为一个‘黑匣子’来分析。事实上，该理论的赞成者指出，新古典企业理论甚至不能说是一个关于单个企业行为的理论，它是一个关于产业、关于市场的理论（或者更准确地说是该理论的一个基础）。产业行为是被作为企业行为的结果来加以研究的。”①

第二节

现代企业契约理论：从“有形资源”转向“无形资源”

新古典企业理论长期在理论界起支配地位，直至科斯（Coase）提出了交易成本的概念，并形成新制度经济学和现代企业契约理论，才使标志新古典经济学及企业利润最大化的“黑箱”论面临了前所未有的挑战。

从道家的观点来看，新制度经济学和现代企业契约理论的出现，经济学家的目光已经从企业的“阳”——“有形”和“实体资本”的因素转向企业的“阴”——“无形”和“虚拟资本”的因素了。因为交易本质上指的是所有权的转移，体现的是一种人们之间的“无形”关系，交易费用可以认定为企业中的一类“虚拟资本”。所以新制度经济学和现代企业契约理论主要是从“阴”——“无形”和“虚拟资本”的视角来探索企业的本质。

关于交易成本的概念，康芒斯对交易的理解是全面而深刻的，他认为交易指的是所有权的转移，也即人与人之间的互动。包括：①买卖交易，即作为市场上平等主体的买卖双方的交易；②管理交易，即企业内部各级管理人员的交易，主要是上、下级之间命令与从服从关系；③限额交易，即企业或组织对个人进行的各种交易。康芒斯指出：“这些交易都是机能上的相互依赖，它们共同构成了我们称为‘运行中的机构’的整体。运行中的机构是对有利的买卖

① 杰克·弗罗门：《探究新制度经济学的理论基础》，经济科学出版社，2003年。

交易、管理交易和限额交易的联合预期。当这个预期终止的时候，企业将不再运转，生产也就停止了。"[①] 可见，交易的本质体现的是一种人们之间的关系，企业的存在必然会与外界发生各种交易与联系，没有交易的企业不能称为企业。但在康芒斯后，人们的注意力一直在生产方面，忽略了交易问题。

直到科斯在 1937 年发表了划时代的《企业的性质》一文，并在 40 年后引起经济学界对资源配置方式进行重新思考，人们才注意到交易问题的重要性。科斯通过引入"交易成本"这一全新范畴，弥补了新古典企业理论以利润最大化作为终极目标、脱离企业现实状况的缺陷。科斯指出，迄今为止对企业的起源所给出的解释都是有缺陷的。特别是，企业的存在不能用"斯密"式的劳动分工的用语来说明。虽然劳动分工自然会产生一种对某种整合力量的需要，但是由于价格机制可以满足这一需要，那么需要企业家控制的是什么呢？科斯对企业中权威命令替代价格机制的解释是，后者的这一协调机制比前者具有成本节约的优势："建立一个企业是有利可图的主要原因似乎是，使用价格机制是有成本的。"[②] 按照科斯的观点，这些成本包括营销（或契约）成本、使用价格机制的成本（其中包括搜寻和谈判成本）。他指出行政机制（科层企业组织）和市场机制是两种可以相互替代的协调生产的手段，企业的存在与否在于它究竟能在何种程度上替代价格机制，替代的效率边界取决于交易成本的节约程度。

科斯认为，当在企业内部组织一笔交易的边际成本等于在市场上组织同样一笔交易的边际成本时，企业的边界达到最大。企业契约之所以能够节约交易成本，是因为直接通过市场组织生产，某一生产要素需要与同它协作的生产要素签订一系列契约，而通过企业家权威组织生产，这种生产要素只需要与企业家签订一份契约，"一系列契约被一个契约替代了"，发现相对价格的交易费用就大大降低。因此，企业组织是市场机制的替代物。市场交易费用与组织协调管理费用相等的均衡水平确定了组织的边界，企业成长的动力就在于节约市场交易费用。

科斯之后，威廉姆森（O. Williamson）、克莱因（Klein）、格罗茨曼和哈特（Grossman & Hart）等试图从不同侧面进一步完善和发展交易成本理论。他们以交易为基本分析单位，观察企业内部的交易、契约和组织结构，将企业

① 康芒斯：《制度经济学》（上册），华夏出版社，2009 年。
② 科斯：《企业的性质起源、演变和发展》，商务印书馆，2007 年。

作为资源配置的机制，强调其交易属性，在假定交易形式不影响生产过程的前提下，侧重从企业能降低交易成本的角度对企业的本质和边界进行阐释。科斯及其追随者的交易成本理论、契约理论、代理理论、资产专用性理论、产权理论等被统称为现代企业契约理论。

现代企业契约理论虽然对新古典企业理论提出了挑战，它注意了企业的交易性，但忽略了企业的生产性，它在指责新古典企业理论是“利润最大化‘黑箱’”的同时，自己却陷入了“交易成本最小化‘黑箱’”。对照康芒斯交易的概念，现代企业契约理论对企业内部交易的性质与特征进行了深入的研究，但对于企业外部即市场交易成本的研究与关注则相对缺乏。尤其是随着知识经济的出现与发展，市场上出现了多种基于合作的企业组织形式——企业战略联盟和虚拟企业，这是现代企业契约理论无法作出解释的。

第三节

演化经济学企业理论：“阴阳和合”的内生创新哲学

演化经济学这个术语最早是由凡勃伦在 1898 年的经典论文《经济学为什么不是一门演化的科学?》中提出的，一般认为凡勃伦（Veblen）、马克思（Marx）和马歇尔（Marshall）是经济演化思想的先驱者。20 世纪 80 年代演化经济学发展成为西方经济学中一个富有生命力的新流派，与新古典经济学的静态的机械的世界观不同，演化经济学的科学基础是动态演化的有机世界观。目前其理论已受到经济学界日益广泛的重视，研究成果在社会经济分析中的应用出现了指数式的增长，并在经济学和社会学领域中产生了巨大的影响力。如对世界各国发展战略产生了重大影响的关于国家创新体系的研究，正是在演化经济理论影响下进行的。

与主流经济学相比，演化经济学以适应行为（包括惯例和创新行为）代替了理性行为，以有序结构代替了均衡结构，以渐变和突变代替了静态不变，在经济学理论上进行了重大突破。演化经济学体系以“新奇”为研究中心，强调经济的演化过程包含着持续的或周期性出现的新奇和创造性，并由此产生和维持制度、规则、商品和技术的多样性。演化经济学这种新范式在其研究纲领上具有三个基本的特征：以创新竞争而非价格竞争为核心；以资源创造而非资源配置为核心；以动态能力而非交易成本为核心，其本质都是以“虚拟资本”为主导的，即以企业内的“人力资本”和“智慧资本”为主导的。

从道家的观点看，演化经济学与《易经》的核心思想是相通的，这就是创新。道家的经典《易经》是一部关于变易和创造性的著作。“日新之谓盛德”，[①]创新是其思想精髓，这与演化经济学研究纲领之“硬核”的“新奇创生”是相通的。而这个“新奇创生”是“绵绵若存，用之不勤”的（《道德经》第6章）。《易经》中“一阴一阳之谓道，继之者善也，成之者性也”，[②]《道德经》中“道法自然”都反映了要从“阴阳”变化转换的动态中去把握事物的本质，顺阴阳，合天道，人与事就会圆满完善。而演化经济学“自然选择”的动态演化的世界观就反映了这一“阴阳和合”的内生哲学思想。

一、熊彼特“创造性毁灭”论

演化经济学作为一个独立的理论分支而出现应归功于熊彼特（Joseph Schumpeter）对创新过程的研究。熊彼特认为，资本主义本质特征是创新，创新是“企业家对生产要素的新的组合”，是一个“创造性毁灭”的过程。借用生物学，熊彼特把不断地从内部彻底变革的经济结构，不断地毁灭旧产业、创造新产业称作“产业突变”，认为这种创造性毁灭过程是资本主义的基本事实。这种观点非常类似生物学中“间断均衡”的生物进化理论。熊彼特认为经济发展的质变可以是渐进的，也可以是非连续的。

熊彼特在《经济发展理论》中写到，我们应当“仅仅把经济生活中不是外部强加给它的而是内部自发的变化”理解为“发展”。[③]他认为，主要的发展过程是“实现新的组合”，而且在竞争经济中，“新的组合意味着竞争性地消灭旧的组合”。实现新组合的是企业家，所谓企业家，并不是一种职业或工作，而是创造性运用资源组合的独特能力。企业家的活动是一系列创造性行为，正是它们造成了不间断的竞争性经济重组活动和经济增长。企业家心理活动的变化导致创新活动的变化并进而导致总体性经济波动。

熊彼特“创造性毁灭”的创新理论为后来学者研究企业的动态能力理论提供了思路，他对竞争过程的基本性质予以重新定义：实质性的市场竞争不是

①② 南怀瑾：《易经系传别讲》，复旦大学出版社，2008年。

③ 熊彼特：《经济发展理论》，中国社会科学出版社，2009年。

价格竞争，而是创新竞争。他的“创造性毁灭”的观点、“非连续历史跳跃”的观点是对边际替换概念的否定，其与《易经》“日新之谓盛德”的思想不谋而合，是从求新求变中去发现、去创新。[①] 而从当代经济学看“创造性毁灭”的源泉来自企业的“人力资本”和“智慧资本”。

熊彼特使我们明白了，以企业为主体的创新是经济进化的发动机，企业具有超越外部经济条件的自主能力，而且能够塑造市场条件。熊彼特还把创新和发明分开。他认为，虽然大多数创新可以追溯到过去的某个发明，但创新并不一定来自发明，发明亦不一定必然引起创新，发明对分析经济变迁过程并不重要，它是一个外生性因素，而创新是一个内生性因素。熊彼特关于创新和发明的区分，既推动了技术进步的理论发展，又加快了技术创新的实证研究。而笔者认为熊彼特暗示了：企业的创新和发明都源于企业的“虚拟资本”——发明起源于企业“智慧资本”，而创新起源于企业“人力资本”。

二、彭罗斯“资源—能力”二分法

艾迪斯·彭罗斯（Edith Penrose）继承了内生成长的思想，于 1959 年出版了《企业成长理论》。在这本书中她进一步深入研究企业成长问题并提出了企业内生成长论的思想。彭罗斯的企业成长理论最具革命性的贡献在于将资源与服务（能力）区分开来，提出了“资源—能力”二分法，并明确地将服务（能力）界定为企业成长的源泉。这体现了中国哲学中的“阴阳”的分析方法，其将“阳”的资源与“阴”的服务（能力）区分开来，为以后的企业资源基础论、企业核心能力论、企业动态能力论等理论奠定了学术基础。

从“阴”的视角来看，在彭罗斯那里，企业的生产机会主要来自企业内部的未利用服务，而这种服务能够为企业带来扩张。因此，企业成长是内生性的，企业成长的源泉就是企业内部资源所形成的服务（能力）。彭罗斯认为，服务分为企业家服务和管理服务，企业家服务用以发现机会，管理服务用来实现扩张。而真正有进取心的企业家不把需求看作给定的，而看成是它应当能够创造的。[②]

彭罗斯认为，对于企业而言，资源是企业为自己使用而购买、租借或生产

① 南怀瑾：《易经系传别讲》，复旦大学出版社，2008 年。

② 彭罗斯：《企业成长理论》，上海人民出版社，2007 年。

的有形物品，以及使这些资源得以高效运行的雇员，这属于企业“阳”的方面；而服务是这些资源创造出的，为企业生产运作做出贡献。一种资源可以被看作可能的服务流，而这属于企业“阴”方面。由于服务（能力）只能产生于资源的使用过程，“阴阳和合”从而使每个企业的能力是独特的、异质的。

彭罗斯强调了能力的默示性和难以捉摸的性质，认为许多知识是不能被正式传授或通过语言进行交流的，而只能在“干中学”中传递。这显然是表达了“人力资本”和“智慧资本”这类企业中的“虚拟资本”问题，尽管她没有用“人力资本”和“智慧资本”这个概念。她认为：“‘企业’必须被赋予比企业理论中的‘企业’更多的属性，而这些属性的重要性，不能简单地由成本和收益曲线来表示。”① 彭罗斯的观点引发了学者们开始重视资源—能力与企业成长的关系，进而关注在无形资源与资源特性方面的研究，而这实质上是把企业中的“虚拟资本”——“人力资本”和“智慧资本”作为企业成长的源泉来研究。虽然彭罗斯早在 1952 年就对经济学中的生物学类比提出了批评，但内生成长一直是演化经济学的基本框架，所以霍奇逊（Hodgson）仍认为她属于演化经济学派。

三、纳尔逊和温特自然选择理论

纳尔逊和温特（Nelson & Winter）在 1982 年出版的《经济变迁的演化理论》中批判地继承了熊彼特的创新理论和西蒙（Simon）关于人类行为和组织行为的理论，在他们的经典著作中，提出了一个吸收了自然选择理论和企业组织行为的综合分析框架。他们借用达尔文“自然选择”的思想，认为在经济中，也有优胜劣汰、适者生存的“自然选择”，其思想本质与老子的“道法自然”思想不谋而合。

企业在市场中的竞争，也如物种竞争一样，盈利的企业增长扩大，不盈利的企业收缩衰弱，直至被淘汰出局。企业要在竞争中立于不败之地，需要不断创新，扩大自己的优势和在行业中所占的份额，因此创新是企业生存发展的根本原因。

新古典经济学有两大埋论支柱：利润最大化和经济均衡，纳尔逊和温特对这两大支柱进行了全面的批判。他们认为，这两个概念妨碍了新古典理论充分

① 杰弗里·霍奇逊：《演化与制度》，中国人民大学出版社，2007 年。

认识经济变迁的特点。纳尔逊和温特的演化理论认为，经济主体（特别是企业）的目标是追求利润，但不是利润最大化。他们受西蒙等的影响，认为人的理性是有限的，这就使得企业的决策不能是最优的，企业对自己选定的方案感到满意即可，而这个方案不一定是最优方案。纳尔逊和温特基于有限理性和知识的分散性强调了“惯例”概念。“惯例”起源于康芒斯对“习惯法”的论述，其内涵与管理学的“智慧资本”概念类似。企业的生产计划、价格确定、研究与开发资金的分配等都遵循以“惯例”为基础的行为方式，而不是随时计算最优的解决方案。

纳尔逊和温特把每个企业的“惯例”看成是企业知识和经验的载体，由于“惯例”的无形特性，它实质上体现为企业中的“虚拟资本”——“智慧资本”。各个企业的“智慧资本”之间存在一定的差异性，它们构成企业之间相互区别的特征和异质性。企业的“惯例”或“智慧资本”是可以“遗传”的，如果企业按照惯例运转能够获得满意的收益，那么这些“惯例”或“智力资本”往往不会发生变化。但是，如果企业的运转出现异常而使收益低于某一限度时，企业将有可能对“惯例”或“智慧资本”进行调整。

纳尔逊和温特还提出了“搜寻”概念，即企业努力调整惯例的行为。企业的研究开发活动以及市场开拓活动都属于这种“搜寻”行为。[①] 笔者认为，“搜寻”是在已知的技术和惯例中寻找适合自己需要的东西，这主要体现在“智力资本”的获得上；而创新则是通过研究和开发去寻找原来没有的技术和惯例，这主要体现在“人力资本”的激励上。创新意味着改变原有的惯例，创新使创新者对非创新者有较大的优势，从而获得较多的利润。纳尔逊和温特强调，经济的演化过程是一个“惯例”的学习过程，“惯例”是一种光滑序列的协调一致的行为能力，“惯例”是程序化的，在很大程度上，是一种默示的知识或智力资本，并且往往是自动进行的选择，它控制、复制和模仿着经济演化的路径和范围。纳尔逊和温特还以企业拥有的智力资本对企业进行了分类。基于“惯例”、“搜寻”、“创新”和“选择环境”等概念，纳尔逊和温特对整个企业理论研究的基础进行重构，提出了经济演化理论，为演化经济学的进一步发展打下了基础。

纳尔逊和温特还借鉴企业的能力理论，以企业拥有的智慧资本对企业进行分类。里普曼（Stephen Lippman）和罗曼尔特（Richard Rumelt）在《不确定

---

① 纳尔逊、温特：《经济变迁的演化理论》，商务印书馆，1997 年。

模仿力：竞争条件下企业运行效率的差异分析》一文中推断，如果企业无法有效仿制或复制优势企业产生核心能力的资源，那么企业间业已存在的效率差异将无法消除。

四、当代基于演化视角的企业理论

在前面我们提到彭罗斯的“资源—能力”二分法为以后的企业资源基础论、企业核心能力论、企业动态能力论等理论奠定了学术基础，由于它们都着眼于生物学的视角，注重企业的内生增长，所以，可将三者统列为演化经济学派，下面就这三派观点做个简要分析：

（一）菲尔特（Wernerfelt）、巴尼（Barney）资源基础论

资源基础论是在彭罗斯内生成长理论的基础上，经过沃纳·菲尔特（Wernerfelt）、巴尼（Barney）等的发展而形成的。菲尔特于1984年在《战略管理杂志》杂志上发表的《企业资源基础论》一文入选“年度最佳论文”之后，资源基础论获得了应有的重视。[①] 菲尔特在文中借鉴了彭罗斯的观点，明确提出了“资源基础观念”（RBV）一词，视企业为一有形与无形资源的独特组合而非产品市场的活动，认为以“资源”代替“产品”来进行企业战略决策，对当代企业来说将更具有现实意义。笔者认为，这标志着将人们习惯的企业战略思考由“阳”的“产品”观念转变为“阴”的“资源”观念，其“资源”内涵与彭罗斯的有形物品不同，是有形与无形资源的独特组合，而更注重无形资源，从而可将其作为“阴”来看。此种转变将战略制定的基础由外部的“阳”的“产业结构分析”，逐步转移到内在的“阴”的资源与能力分析的“资源基础观念”上。反映了企业战略视角由产业结构的“实体资本”分析，逐步转移到企业内部的资源与能力的“虚拟资本”分析上。之后，资源基础论不断发展，巴尼（Barney）、皮特拉夫（Petelaf）、爱密特（Amit）、格兰特（Grant）等学者为此做出了重要贡献。

1986年，巴尼在探讨企业的竞争优势时，发现企业可由本身的资源与能力的积累与培养，形成长期且持续性的竞争优势，并将其称为“资源基础模式”。他认为，如果战略资源在所有相互竞争的企业中均匀分布而且高度流动

① Wernerfelt B. A Resource-Based View of the Firm [J]. Strategic Management Journal, 1984 (1).

的话，企业就不可能预期获得持续的竞争优势。某些企业之所以能在产品市场上获得竞争优势，就是因为它们能够通过不完全竞争的要素市场获得低价格高产出的战略资源。巴尼还在 1991 年提出了一个较为综合的分析框架，来阐述企业产生持续竞争优势的资源特性。他认为，具有下列四个特征的企业资源才是可持续竞争优势，即有价值、稀缺性、不可模仿性、不可替代性，它有助于判断企业可持续竞争优势的来源。他认为企业资源包括企业内部所有的资源，可以分成 3 类：①物质资源，是指企业的厂房、设备、机器、原材料等以物质形式出现的可以看得见的资源；②人力资源，指员工、经验、培训、关系等与人有关的资源；③组织资源，是指正式的结构，包括正式与非正式的计划、控制、协调系统、组织与外部环境之间的非正式关系等与组织有关的资源。该框架的根本假设是：第一，企业资源具有异质性；第二，企业资源具有不易流动性。在这样的前提下，当企业资源具备有价值、稀缺等特性时，则企业可以产生竞争优势；而当企业资源同时又具备不可模仿和不可替代等特性时，企业就可以获得持续的竞争优势。总体来说，资源基础论开始使人们相信企业可以通过提高资源的拥有量及资源的使用效率来使企业获得竞争优势。①

（二）海默（Hamel）、帕拉德（Prahalad）核心能力理论

海默（Hamel）和帕拉德（Prahalad）在 1990 年提出了核心竞争力的概念，从而形成了核心能力理论。核心能力理论认为，资源与能力不同，能力是配置资源的主体能力，企业的本质是“能力的集合体”，企业竞争优势来源于企业的核心能力，而资源基础论忽视了人的作用，偏离了企业成长的本源。也就是说，核心能力理论的观点不同于资源基础论，而与彭罗斯的观点是一致的。在此我们能够清晰地发现，资源基础论与核心能力论的观点分歧恰好来源于彭罗斯理论中的“资源—能力”二分法，一个立足于资源，另一个立足于能力。但笔者认为，这二者都比彭罗斯的观点更进了一步，资源基础论中的“资源”包括“智力资本”等无形资源，而核心能力论的“能力”则更强调“人力资本”等无形资源，所以二者都是重视企业中“阴”性的要素，它们都是将人力、智力这类“虚拟资本”作为企业竞争优势的源泉。

核心能力理论认为，企业在全球竞争中处于主宰地位的因素往往是无形的。创造一种组织成为管理中最关键的任务。这种组织有能力赋予产品具有强

① 夏清华：《从资源到能力：竞争优势战略的一个理论综述》，《管理世界》，2002 年第 4 期。

大的市场吸引力或功能超强，能够适合生产消费者需要但目前还不能想象得到的产品。他们认为，在短期，企业的竞争来自产品的价格绩效的贡献；在长期，竞争来自比竞争对手更低的成本、更快的速度去大量生产市场还未预见到的产品的能力。竞争优势的真正来源，在于企业能巩固整体的技术和生产技能，并将其转化为企业单个业务单元，快速适应不断变化的环境的综合管理能力。

核心能力理论将核心能力定义为各种技术和生产技能的组合，它贯穿公司的金字塔式的产品线即生产过程中。成功的竞争者能够进入新的、表面看起来毫不相关的行业或经营领域，具有核心能力的企业似乎更具有多元化扩张的能力。核心竞争力是开发新的经营业务的源泉，它是组成公司战略的核心。海默还形象地将多元化的企业比喻成一棵大树，树干和主枝是核心产品，小的支干是经营业务单元，树叶、花和果实是最终产品，提供营养、支撑和稳定性的根系是核心竞争力。如果企业仅仅盯住竞争者的最终产品，就会忽略竞争者的真正实力，正如只注意叶子就会看不到一棵树的力量一样。①

虽然核心能力的思想非常具有解释力，但有的学者认为核心能力没能对公司战略制定提供实践意义上的指导，它是一个精致的理论，但在实践中却不好操作，缺乏可依赖的工具。堪培尔（Andrew Campbell）认为，能力的概念比核心能力的概念更广阔些，它包括整个价值键（核心能力只体现在价值链的某一个或几个环节）。从这个意义上说，能力对消费者来说更可见，而核心能力对消费者来说很少看得见。因此，在面对竞争者方面，最好的母公司应该比其各个战略经营单位能创造更多的价值。

（三）提斯（Teece）等的动态能力理论

1997 年，提斯（Teece）等参考核心能力概念提出了动态能力理论，核心能力是独特能力、组织惯例和核心竞争力，而动态能力是企业整合、构建和重构企业内外部能力以应付快速变化的环境的才能。他们提出了动态能力的流程·位势·路径的模型（3P 模型），指出动态能力的本质内嵌于各种各样的组织和管理流程中，而这些流程是由企业的资产位势（特别是专用性和互补性资产）和历史演化路径所塑造的，它们决定着企业的竞争优势。艾森哈特（Eisenhardt）和马丁（Martin）则认为，动态能力是一系列具体的可识别的组织过程，这些具体的过程包括产品开发、市场拓展、收购整合、策略性联盟、

① 鄢德春：《动态能力论足以挑战资源基础论吗?》，《中南财经政法大学学报》，2008 年第 2 期。

业务部门的剥离和战略决策制定过程等。从这些研究结论中可以看出，动态能力既不是模糊的，也不是同义反复的，而是一系列具体的可识别的组织过程。导致企业发生变化的活动很多，并不是所有导致变化的活动都能称为动态能力。①

在提斯等的研究中，把动态能力的“能力”严格限定为“惯例”，即限定为智力资本范畴。这种理解得到了学术上的广泛认可。“组织能力”是一个严肃的概念，其严肃性在于它必须是一种惯例。如温特所说：“即兴发挥从来都不能称为能力。”动态能力不仅关注企业特有的组织惯例，其焦点更是放在克服能力惯性的创新和开拓性能力上。在动态环境中，动态能力崇尚建立开拓性学习能力。开拓性学习能力是为了在长期内向企业提供新的战略观念而进行的侧重变革的学习。因此，为了企业获得持续竞争优势，需要的是能够进行创造性毁灭的能力。

动态能力特征与环境动态性之间具有相关性。布朗（S. L. Brown）和艾森哈特发现，在高变环境下，成功的产品创新（现在被视为一种典型动态能力）往往是基于有限的几个惯例。艾森哈特和马丁随后的研究更加明确地指出了动态能力特征与环境变化特征之间的这种关系。当市场变化相对缓慢（具有较高的频率，但同时其变化方向大致可以预测并且沿着线性路径发展）的时候，市场往往具有相对稳定的产业结构，在这种市场条件下，动态能力的有效性在很大程度上取决于已有的知识经验。经理人员依据已有的隐性知识和经验法则等智力资本，以一种相对有序的方式来计划和组织企业内部的各项活动。反之，当市场变化非常迅速的时候，这种变革往往是非线性和不可预测的，经理人员赖以遵循的组织惯例已经简化为一些非常简洁的规则。纽伯特（S. L. Newbert）的实证研究则证实了环境动态性与动态能力特征之间的对应关系。②

企业动态能力主要是由企业中的“智力资本”——组织设计和“人力资本”——人力资源管理这两个因素决定的。这是因为：一方面企业通过智慧资本，建立科学的组织结构，形成企业业务多样化的动态能力。另一方面企业通过加强人力资源管理来促进动态能力的形成，并强调人力资源管理从几个方面着手：选人要重视知识的宽度和深度；职位描述概念要详细具体；以培训来扩展员工现有知识的宽度和深度；激励成功，宽容失败。

① 鄢德春：《动态能力论足以挑战资源基础论吗?》，《中南财经政法大学学报》，2008 年第 2 期。

② 吴晓波、徐松屹、苗文斌：《西方动态能力理论述评》，《国外社会科学》，2006 年第 2 期。

动态能力观学者们认为，以波特（Porter）等学者为代表的产业结构分析和以菲尔特与巴尼等学者为代表的资源基础观，无法解释为什么某些厂商比其他的厂商能在动态的市场竞争环境下，表现得更好。他们认为，资源基础观的不足在于，厂商在建立有效且具竞争力资源时，必须基于动态产业环境与竞争状况的考虑，且以市场测试来考验资源，因为资源的真正价值应该取决于市场力量。厂商的竞争优势来自厂商的管理与组织流程、专用性资产和发展路径。而位于稀缺性的、顾客需求的且能用于消费者愿意付钱购买的商品上与具有专属性的交集处的资源，才是真正有价值的资源。因此，动态能力观比产业结构分析和资源基础观更能够解释厂商竞争优势的来源。①

动态能力理论更接近中国的《易经》思想，它立足于企业的“变易”，即从企业与环境的动态变化中，去把握企业的实体资本与虚拟资本的“阴阳和合”，最终达到企业持续稳定地良性循环和增长。

综上所述，我们可以看到，经济学中企业理论的发展，经历了一个新范式不断代替旧范式的演化过程，这也体现了老子在《道德经》第1章就开宗明义地提出的一个科学方法论的问题——“道可道，非常道。名可名，非常名”。对于自然和人类来说，人们认识了许多客观规律，并提出了相应的科学理论。但用言语表述出来的“道”（客观规律、科学理论），在它们表述出来后就会发生变易，它就不是永恒的“道”（客观规律、科学理论）了；能用文辞去阐述的事物的“名”（概念、观念），在它们提出来后就会发生变易，也不是永恒的“名”（概念、观念）了。正所谓“可道可名则有变有易，不可道不可名则无变无易”。② 科学理论的发展是新范式代替旧范式的发展过程，对于经济学中企业理论的发展来说也是如此。所以，我们认为当代企业理论的发展正在朝向中国古代先哲们的“道”哲学的隐喻发展变化，并为当代新经济学和企业理论的发展暗示了方向。从对企业有形资源——物质资本等“实体资本”、“硬实力”的重视，发展到对企业无形资源——人力资本、智慧资本等“虚拟资本”、“软实力”的重视，人们正在对传统经济学和企业理论进行反思，而中国古代“道”哲学为我们的企业理论和管理学创新提供了指路明灯。

① 罗珉、刘永俊：《企业动态能力的理论架构与构成要素》，《中国工业经济》，2009年第1期。
② 朱谦之：《老子校释》，中华书局，1984年。

第三章 “有无相生”：当代企业资本及其演化

反者道之动，弱者道之用，天下万物生于有，有生于无。

——老子《道德经》第40章

故有之以为利，无之以为用。

——老子《道德经》第25章

在老子哲学的最高范畴，同时也是作为天地万物本原和宇宙间一切运动总规律的“道”中，包含“有”和“无”、“实”和“虚”两个方面的内容。在老子看来“天下万物生于有，有生于无”，“无”比“有”更加根本，“虚”比“实”更有功用。

我们说构成企业本体的基本要素是资本，它是经济学中最重要而又内涵丰富的概念。“资本”概念的内涵在100多年来，不断地丰富、不断地发展。我们今天用“道”哲学来反观，就可以发现其经历了一个从“无”到“有”，然后又从“实”到“虚”的发展演变过程，最终形成了当代林林总总的“资本”与“虚拟资本”的概念。

第一节 资本与虚拟资本的演化

1888年庞巴维克在《资本实证论》第三章“资本概念的历史发展”中总结了在经济学发展史上“资本”一词的十余种解释，从那时发展至今，“资本”概念的内涵在不断地丰富、不断地发展。但纵观经济学说史上“资本”与“虚拟资本”概念的演变，主要是沿着两条思路展开的：

一、马克思的“资本”与“虚拟资本”观

马克思认为，“资本”是能够带来剩余价值的价值，资本也是一种社会关系。货币转化为资本的关键是劳动力转化为商品，资本的积累是通过剩余价值的资本化来进行的，它是资本扩大再生产的主要源泉。在《资本论》中，马克思描述了资本运动的全过程，认为资本的运动是生产过程与流通过程的统一。资本在其运动不同阶段的表现形态分别是货币资本、生产资本和商品资本，这些资本都是实体资本。

另外，马克思在《资本论》第三卷的《利润分为利息和企业主收入：生息资本》中，全面分析了虚拟资本问题。他指出：“人们把虚拟资本的形成叫作资本化，人们把每一个有规则的会反复取得的收入按平均利息率来计算，把它算作是按这个利息率贷出的一个资本会提供的收益，这样就把这个收入资本化了。”①

马克思从金融的视角分析了虚拟资本存在的三种形式：一是从股票资本化的角度提出虚拟资本。他指出，当股票作为商品来买卖时，它就有了价格，从而给其持有者带来资本利得收益，这些就使它资本化了。二是从国债资本化的角度来论述虚拟资本。他指出，国家对借入资本的债权人每年要付给一定的利息，而资本本身已经由国家花掉了，它已经不存在。因此，这种把国家付款看成是自己的幼仔（利息）的资本，是纯粹的虚拟资本。三是从银行创造信用的角度来论述虚拟资本。马克思指出：“银行的准备金，总是表示储藏货币的平均量，而这种储藏货币的一部分本身又是自身没有任何价值的证券，只是对金的支取凭证，因此，银行家资本的最大部分纯粹是虚拟的，是由债权（汇票）国债券（它代表过去的资本）和股票（对未来收益的支取凭证）构成的。”②

马克思还在《雇佣劳动与资本》中指出，“资本不仅是若干物质产品的总和，并且是若干商品或者若干交换价值或若干社会定量的总和”。③这里的“若干交换价值或若干社会定量”，我们可将其理解为人力资本、智力资本、社会资本。这种资本观对我们进一步理解当前的人力资本、智力资本、社会资本等虚拟资本的性质具有重要的意义。

---

①② 马克思：《资本论》（第三卷），人民出版社，2004 年。

③ 马克思：《雇佣劳动与资本》，人民出版社，1972 年。

二、西方学者的"资本"与"虚拟资本"观

当代西方主流经济学认为，资本主要采取两种形式，即物质资本（货币资本）和人力资本。如"资本（Capital）由人们用来生产商品和服务的长期工具组成。它包括物质资本，如建筑物、机械、设备；还有人力资本（Human Capital），如工人拥有的技能和培训"。①

若仅从物质资本来看，斯蒂格利茨认为，"资本"一词在经济学上是在两个有区别而又有密切关联的意义上使用的：一是指机器与建筑物，有时被称为资本物品的东西；二是指用来买卖资本物品或买卖厂商的资金，② 从这个方面来看这些都属于实体资本。

若从人力资本来看，笔者认为当西奥多·舒尔茨1960年正式提出人力资本理论后，实际上虚拟资本观念就悄悄进入主流经济学，尽管人们当时并没有意识到这一点。当然，在这之前西方学者如希法亭、弗朗索瓦、凯恩斯也对虚拟资本进行过探讨，但他们的探讨仍未超越马克思定义的虚拟资本的范畴，主要局限于金融领域，因而始终未能融入主流经济学。

回望人力资本理论所走过的旅程，其实人力资本的虚拟性内涵极其明了："人们以不同的方式在他们自己身上的花费，不仅是为了当前的享受，而且也是为了将来取得金钱的和非金钱的报酬。所有这些现象——医疗保健、教育、信息猎取、工作寻找、移居和在职培训——不管是个人自己的行为，还是社会为其成员所作的努力，都可以看作是投资而不是消费。"③人力资本理论最大的贡献在于把我们传统认为的人的消费转换为投资，"好多我们称为消费的东西，就是对人力资本的投资"。④ 但这种投资是隐性的、虚拟的。当我们在享受美食和保健时，当我们在学校接受教育时，我们是在满足当时的生理和成长的消费需求，但这种消费将决定我们未来的工作状态和收入流，因而这种消费本质上又是在人身上的一种虚拟性的投资，这种虚拟性的投资将决定体现在人身上的技能和知识存量的资本化定价，笔者认为这就是人力资本理论最重要的"硬核"。

---

① 罗伯特·霍尔、马可·利伯曼：《经济学：原理与应用》（第2版），中信出版社，2003年。
② 斯蒂格利茨：《经济学》，姚开建等译，中国人民大学出版社，1997年。
③ 马克·布劳格：《经济学方法论》，北京大学出版社，1990年。
④ 西奥多·舒尔茨：《论人力资本投资》，北京经济学院出版社，1990年。

所以，人力资本的本质是对体现在人身上的技能和知识的存量进行资本化定价。如舒尔茨认为，体现在人身上的技能和生产知识的存量，即人力资本。他说："我们之所以称这种资本为人力的，是由于它已经成为人的一部分，又因为它可以带来未来的满足或者收入，所以将其称为资本。"①

人力资本的概念反映了三个特点：①人力资本是隐性地体现在人身上的技能和生产知识的存量；②它是依附于人身上的，具有可投资性和增值性的价值存量；③作为现在和未来收入流的源泉，它可以影响人们未来的货币和消费能力。

从微观角度来看，在现代企业中，特别在知识型企业中这类人力资本价值存量往往是以虚拟方式存在的，是由企业股票、期权等对未来收益的支取凭证所构成的，如有的经理人和科技人员，他们的薪酬是其人力资本投入到企业生产经营过程中的回报，而他们又持有企业股票、期权等作为对剩余的索取权而存在。

另外，从宏观角度来看，我们在研读西方大师的著作时，他们谈得最多的是人力资本投资及人力资本投资与经济增长的关系，尽管他们没有明确提出虚拟资本概念，但他们当时已经实实在在地感觉到了实物资本与虚拟资本的问题。20 世纪初美国经济学家西蒙·库兹涅茨在对美国资本形成的研究中发现：随着美国总收入的不断增加，其实物资本的投入却不断减少，而传统经济学的理论则认为，总收入的增加是靠高度密集的国家储蓄与资本投入来推动的，从而提出了著名的"库兹涅茨之谜"。当时经济学家为了解开经济发展的"库兹涅茨之谜"，提出了种种理论来解释西方经济的发展原因，这些理论由于把企业、地区和国家的资源局限于自然资源和货币资本，因此，它们并没有从根本上找到当时经济迅猛发展的原因。

1960 年，美国经济学家舒尔茨在美国经济协会年会上作了一个《人力资本投资》的演讲，使用人力资本的概念，分析了战后发达国家经济增长中出现的用传统资本理论无法解释的增长之谜，他主要从以下三个方面进行了论述：①根据传统理论，资本—收入比率将随经济的增长而提高，但是统计资料却表明这个比率不断下降。舒尔茨认为，这是因为没有把人力资本因素考虑在内。人力资本的增长不仅比物质资本，而且比收入都快。②根据传统理论，国民收入的增长与资源耗费的增长将同步进行，但统计资料显示的结果却表明，国民收入远远大于投入的土地、物质资本和劳动力等资源总量。舒尔茨认为，投入与产出间的增长速度之差，一部分是规模收益，另一部分是由于人力资本带来

① 西奥多·舒尔茨：《论人力资本投资》，北京经济学院出版社，1990 年。

的技术进步的结果。③"二战"后工人工资有大幅度增长，它反映的内容是传统理论所无法解释的一个谜。舒尔茨则指出，这个增长正是来自人力资本的投资。[①]

舒尔茨的理论成功地解决了古典经济学家长期以来未曾解决的经济增长源泉的难题，解开了当代富裕之谜。他认为，人力资本才是国家和地区的富裕源泉。这种理论突破了只有土地、厂房、机器等物质性资源才是资本的概念，把国家、地区和企业在教育、保健、人口、迁移等方面投资所形成的人的能力的提高和生命周期的延长也看作资本的一种形态。由于人力资本不具备传统资本的实物形态，而事实上却可以决定未来收入流，我们现在看来这实际上是一种虚拟资本。周其仁所说的"一方面，人力资本天然归属个人；另一方面，人力资本的产权权利一旦受损，其资产可以立刻贬值或荡然无存",[②] 格林斯潘所抱怨的"GDP 的成分正在朝着以主观意志为基础的价值增值的方向迅速转变，这使我们对现期收入的衡量变得困难，因此，也造成了对未来收入预测的困难"[③]，这都充分反映了人力资本的"虚拟资本"特点。

以上的资本观在不同的年代和不同的国家分别占据着重要的地位，而近年来随着知识经济的发展，兴起了另一类虚拟资本——"智力资本"理论。尽管目前"智力资本"理论只限于在管理学范畴中探讨，仍未能登上主流经济学的大雅之堂，但笔者认为，所有迹象已经显示，"智力资本"理论未来将在主流经济学中占有极其重要的位置。

第二节

新的资本形态：企业智力资本及其哲学反思

近年来，随着知识经济的迅猛发展，"智力资本"作为一个独立的概念越来越受到重视。这是由于智力资本所涵盖的内容与企业市场价值之间的关系日益明晰，智力资本价值在企业核心竞争力中的作用日益重要。

---

① 西奥多·舒尔茨：《论人力资本投资》，北京经济学院出版社，1990 年。

② 周其仁：《市场里的企业：一个人力资本与非人力资本的特别合约》，《经济研究》，1996 年第 6 期。

③ Chairman Alan Greenspan. New Challenges for Monetary Policy, Before a Symposium Sponsored by the Federal Reserve Bank of Kans as Cityin Jackson Hole [J]. Wyoming, 1999 (8).

正如格林斯潘指出，实际上，存在着对新思想资本化的一种争论，如组织生产的不同方式可以在不增加相关费用的时候增加企业的价值。① 笔者认为："智力资本"理论的提出，本质上是提出了对企业知识产品与无形资产实行资本化定价的问题，它为理解现代企业，尤其是知识型企业的知识与无形资产的创新、传递、利用与保护，提供了一个新的理论框架，从而正在以一种新的虚拟资本形态对企业产权理论和管理理论产生重大影响。

一、"智力资本"的西方观点

"智力资本"这个术语最早出现于1958年，当时，两位财务分析师正在对股票市场中的几家以科技为基础的小公司（其中之一是HP公司，当时的年销售额为2800万美元）进行评估，他们得出的结论是："这些公司的成长，智力资本可能是其惟一最重要的因素。"② 美国经济学家加尔布雷思于1969年也提到"智力资本"的概念，而系统地界定智力资本的内涵及内容的是托马斯·斯图尔特。作为智力资本研究领域的先驱，托马斯·斯图尔特在20世纪90年代发表了一系列里程碑式的文章和专著。斯图尔特将智力资本定义为，"公司中所有成员所知晓的能为企业在市场上获得竞争优势的事物之和"。他认为"智力资本"就是"企业里每个人所掌握的、能带来竞争优势的内容之和，即企业组织可以用来创造财富的集体智慧"。他将智力资本划分为人力资本、结构资本和客户资本三部分，③并称为智力资本的"H-S-C"结构。

美国密歇根大学商学院乌尔里奇教授认为：一家企业的智力资本是其成员的能力与认同感的乘积，用公式表示，即"智力资本=能力×认同感"。公式中用乘号而不用加号，意在强调组织中的"人力资本"与"结构资本"的相互关联和相互影响。此外，澳大利亚学者斯维比、英国学者安妮·布鲁金、美国学者埃恩都从不同角度对"智力资本"问题进行了探讨。④

1999年，杜邦、道氏化学、惠普等30多家著名公司，在美国成立了智力资本管理大会。大会做出了一项决议，即大会对"智力资本"这一术语的定义及其主要组成因素的理解达成了共识，它将"智力资本"定义为"可以转

① Chairman Alan Greenspan. New Challenges for Monetary Policy, Before a Symposium Sponsored by the Federal Reserve Bank of Kans as Cityin Jackson Hole [J]. Wyoming, 1999 (8).

②③ 托马斯·斯图尔特：《从知识到智力资本》，邵剑英译，中信出版社，2003年。

④ 安妮·布鲁金：《智力资本应用与管理》，东北财经大学出版社，2003年。

化为利润的知识”。[①]

著名智力资本学者帕特里克·沙利文与参加大会的代表构筑了一个图表来描述智力资本的成分以及它们之间的关系（见图 3-1）。帕特里克·沙利文指出：图表明了组成智力资本的主要因素：人（具有内在的无声的知识储备）和外在的既有知识体系。外在的既有知识体系称为公司的“智力资产”。某人具有的无声的知识写到纸面上的时候（或者在帆布、电子媒体或任何其他媒体），它就变成了公司的既有资产。一些这样的既有资产（称为“智力资产”）受法律保护，表现形式是专利、版权、商标、商业秘密或半导体覆盖层。受法律保护的智力资产用法律术语表示是“知识产权”。

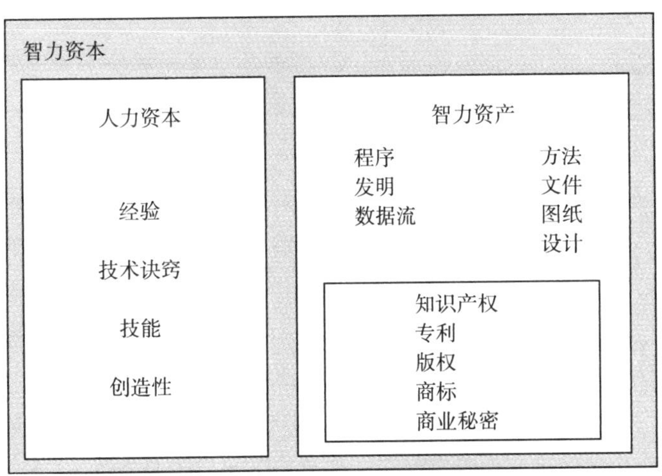

图 3-1 沙利文的智力资本构成

沙利文在《价值驱动的智力资本》一书中指出：经济学家常常将企业必备的基本资源分成三种基本资产：土地、劳动力和资本（在这里，资本指财务上的和其他类型的经济资产）。但是智力资本却是个新名词，它强调一个组织机构的脑力资产，这种资产的重要性可以与传统意义的土地、劳动力和资本相提并论。[②]

以上可以看到西方学者已经关注到人力资本与智力资本的密切关系，但这两个概念之间到底应是什么关系还值得商榷。

①② 帕特里克·沙利文：《价值驱动的智力资本》，赵亮译，华夏出版社，2002 年。

二、"智慧资本"：对西方"智力资本"的哲学反思和经济学二元论的批判

作为"智力资本"的主流观点，以上这些西方管理学学者的"智力资本"的概念有一个共同的特点，那就是把"人力资本"包含于"智力资本"概念之中，"智力资本"被作为比"人力资本"更高层次的概念来看待。在图3-1的模型中，智力资本被分成人力资本和智力资产两大类。人力资本相当于企业组织知识中的隐性知识，而智力资产相当于企业组织中的显形知识。国内学者大都接受了此观点。

笔者认为，当前主流管理理论中的"智力资本"概念被划分为人力资本（H）、结构资本（S）和客户资本（C）三部分，并称为智力资本的"H-S-C"结构。他们把"智力资本"作为比"人力资本"更高层次的概念来看待是不恰当的，这种分界方法存在缺陷。

第一，从员工的角度看，人力资本是独立于智力资本而存在的人的"心理和生理资源"，是先有人力资本而后有智力资本。如企业的员工，他通过用学到的知识和企业现有的智力资本、资源禀赋相结合，在自己的大脑中形成一种新的经营思想、管理方法、科技创新，这就形成了这个员工的人力资本。如果他将其贡献给企业，通过已编码的语言符号和文本信息来反映这些新创的知识、策略、理念、制度和科学发明，并能给企业带来高效率，这种情况下他的人力资本就催生了企业"新的智力资本"。如果员工不具有这类人力资本，或者说他不将人力资本贡献给企业，而仅保留在其大脑中，只是他大脑里的隐性知识，它就仅仅是员工"心理和生理资源"的一部分，就不能成为企业的"智力资本"。

第二，从企业的角度看，"智力资本"由"人力资本"创造出来后，就形成了企业"智力资本"相对独立的资本体系，有其独特的发展方式和规律。它实际上是作为企业的资源禀赋与物质资本、人力资本一起绵延存续于企业中。举个不恰当的例子，好比数学这种智力资本被人力资本创造出来后，就形成了它独特的发展方式和规律，如哥德巴赫猜想人类至今也破解不了，它不再以人的意志为转移了，这就是"智力资本"与"人力资本"的本质区别。因而，智力资本，只能与企业的物质资本、人力资本并列而成为企业主要的生产要素之一，而不能凌驾于人力资本之上。所以，笔者认为当前学术界的这种分界：一是混淆了"人力资本"与"智力资本"的质的规定性；二是不利于人

力资本与智力资本价值测量与会计计算；三是不利于厘清企业资本的产权结构；四是不利于我们理解虚拟经济的微观基础。

综上所述，从逻辑上说，智力资本不能作为比人力资本更高的概念来定义，因为人力资本是起主导作用的资本，这会造成诸多经济学和管理学问题不能理顺。因而，我在这里提出了“智慧资本”的概念来代替“智力资本”概念，即把“智力资本”的“H-S-C”结构改为“智慧资本”的S-C结构。把人力资本（H）从“智力资本”概念中独立出来，从而把企业中的物质资本、人力资本、智慧资本并列作为企业最主要的生产要素来分析。

笔者认为：智慧资本是“资本2”（人力资本）的产物，是指由人力资本创造的可以转化为利润的企业制度、企业文化、知识产权、组织结构、业务流程、信息技术系统、客户库、客户关系、客户潜力等。

必须指出，在中国经济学界由于“人力资本”与“智力资本”的界限混淆不清，造成了“人力资本产权”等诸多经济学问题不能理顺。此外，当代资本理论范畴中新概念层出不穷也亟须解决“资本分界”问题，这是本书拟重点探讨的问题之一。

第三节 企业虚拟资本的特性

以上我们探讨了当代资本的构成要素及其性质，并用古代先哲“阴阳”的隐喻对由此演化出的各类资本概念进行了分界。但这样还远远不够，必须从资本属性分辨的视角来论证这种分界是否合理。因为只有属性相似的事物我们才将其认定为同类，这是事物分界的基本原则。

虚拟资本是建立在实体资本基础之上的“阴性资本”，但其本质属性学界鲜有阐述。虚拟资本与实体资本存在着本质的不同，必须打破传统的资本属性定义，才能真正认清虚拟资本最重要的本质属性，并为以上的“资本分界”提供依据，为此笔者对虚拟资本的本质属性提出以下几个观点：

一、虚拟资本价值的不确定性

我们可以看到，虚拟资本是由金融资产、风险投资、人力资本、顾客资本、制度资本、文化资本、业务流程资本及其他无形资产构成，这些“软资本”的价值取决于人们对它们的想象力、期望或激励，蕴含着极强的心理因素，因而具有不确定性。在不确定世界里，意外不可避免，预期对于经济后果具有重要意义。从“智慧资本”来看，资本化定价使“智慧资本”价格往往产生“蝴蝶效应”，而它们的成本却经常是微乎其微的，但若遇风险也许可能会一落千丈。从“人力资本”来看，周其仁所说的“人力资本的产权权利一旦受损，其资产可以立刻贬值或荡然无存”,[①] 这就是“人力资本”价值的不确定性；从金融资本及其衍生物来看，其价值的不确定性就更为明显了。

二、虚拟资本不具有完整的抵押功能

虚拟资本价值的不确定性，决定了它们不具有完整的抵押功能。如张维迎就从人力资本的“不可分离性”论证了“人力资本”的不可抵押性。[②] 某些“智慧资本”尽管在经过技术处理后，也能具有抵押功能，如某些专利、版权、商标等知识产权（所以本书把它们列为实体资本），但其大多数是不具有完整抵押功能的，特别是专用性“人力资本”与“智慧资本”是会随着企业的消亡，而在瞬间销声匿迹的。这是虚拟资本的一大特性。

三、虚拟资本迂回的剩余价值索取权

作为资本必然拥有剩余价值的索取权，但虚拟资本对剩余价值的索取权，是采取迂回的方式来实现的。从金融资本来看，如期权合约的持有人，如果将其兑现为股票或债券等资本性金融产品，参与股票或债券分红派息，他们就拥有了对公司利润的索取权。从“人力资本”与“智慧资本”来看，它们也必须经过多重的迂回转换，最终以股票、期权或债券的形式来体现自己的产权，从而拥有剩余价值索取权。

四、虚拟资本报酬递增的趋势

从长期来看，虚拟资本具有报酬递增的趋势。无论从“人力资本”与

① 周其仁：《市场里的企业：一个人力资本与非人力资本的特别合约》，《经济研究》，1996 年第 6 期。

② 张维迎：《所有制、治理结构与委托—代理关系》，《经济研究》，1996 年第 9 期。

“智慧资本”来看，还是从“社会资本”或金融资本来看，它们与实物资本的不同还在于，对它们的使用不但不会消耗它们，而且会带来报酬递增；相反，若不使用它们，则它们消耗得更快。

最早马歇尔在《经济学原理》中就指出了“虚拟资本”报酬递增的倾向，尽管他本人没有意识到这一点。“自然起作用的生产表现出报酬递减的倾向，而人起作用的生产显示出报酬递增的倾向。”[①] 这里可以理解为“自然起作用的生产”实质是指以“实体资本”起主导作用的生产；而“人起作用的生产”实质上是指以“人力资本”、“智慧资本”、“社会资本”或金融衍生品等虚拟资本起主导作用的生产。当代的“新经济”充分反映了这类虚拟资本起主导作用的生产，从而社会经济正呈现一种报酬递增的趋势。

另外，虚拟资本的运动只能存在于非均衡市场中。正如舒尔茨指出的：“报酬递增活动在一般均衡理论的公理性核心分析中不存在。因为无论哪种报酬递增都意味着某种失衡的存在，而这种失衡一旦发生，就意味着存在从资源的重新配置中获利的机会。”[②] 南开大学刘骏民教授在谈到虚拟经济的定义时指出：“以资本化定价为基础的，由心理和观念支撑的价格系统，它的运行特征是具有内在的波动性。”[③] 笔者认为“具有内在的波动性”也就是说，虚拟经济主要是从非均衡的角度来考察的，虚拟资本的运动自始至终存在于非均衡市场中。

五、虚拟资本具有“外部效应”

从人力资本的角度来看，当一个工人成长为一个成功的企业总裁时，他的劳动由具体劳动转为了抽象的复杂劳动，他的人力资本体现为在空间上的续存，即他的人力资本在一个单位的时间内可以同时指导企业的员工完成许多的生产经营运作，他的时间变得更为有效率了，并产生了“外部效应”，他的时间将来可能为个人、企业、社会带来的额外财富和具有不确定性的收入流。当然，这是由他的人力资本与企业结构资本相结合来推动的，但他的人力资本是惟一可以使时间变得更为有效率的生产要素。此时他个人把某段时间用于工作劳动和经济行为时，人们更多的是考虑他能为个人、企业、社会带来的额外的

① 西奥多·舒尔茨：《论人力资本投资》，北京经济学院出版社，1990 年。
② 西奥多·舒尔茨：《报酬递增的源泉》，北京大学出版社，2001 年。
③ 刘骏民：《虚拟经济的理论框架及其命题》，《南开学报》，2003 年第 2 期。

财富收入和社会效益，并以此确定他的报酬与收入。当他的人力资本所创造的先进经营管理方法被外企业或个人学习模仿，他的人力资本就产生了“外部效应”。舒尔茨曾直接指出：“卢卡斯对人力资本的‘外部效应’这一概念赋予了核心作用。这种外部效应从一个人那里外溢到另一个人那里：各不同技能层次的人们在较高人力资本的环境下，生产力会更高，因为人力资本增强了劳动者和物质资本的生产力。”[①]

① 西奥多·舒尔茨：《报酬递增的源泉》，北京大学出版社，2001年。

第四章　“三生万物”：当代企业的本体要素

道生一，一生二，二生三，三生万物。万物负阴而抱阳，冲气以为和。

——老子《道德经》第42章

随着知识经济时代的到来，经济学正在开创新纪元，从各种迹象来看，新经济正在引发一次“资本理论革命”，物质资本、人力资本、智慧（智力）资本、社会资本、文化资本、制度资本等新的资本概念纷纷涌现。随着新的研究领域的开拓及其一系列新概念的提出，我们似乎有点手足无措，大有“剪不断，理还乱”之感。

对于“新资本理论”来说，当前迫切需要解决的一个基本问题是“资本分界”的问题，即如何把这些“剪不断，理还乱”的资本概念划清其性质、边界和层次。笔者认为，这是一个基本的经济哲学问题，解决好此问题事关经济学的发展方向。而要解决资本分界问题，首先要从本体论的视角来探讨资本的基本构成要素（元素），再由此“资本要素”推导出其他资本类型。

距今2000年前的老子的“道”哲学为当代的“资本分界”问题提供了本体论的思路，若把老子“三生万物”与波普尔的“三个世界”哲学结合起来，就能较清晰地厘清“资本分界”问题。以下将提出一个综合性的假设：这个假设是基于老子的本体论——“三生万物”，方法论——“阴阳和合”基础上的。

第一节

企业资本分界："资本三要素"

一、经济哲学：老子的"三生万物"与波普尔的"三个世界"

老子在《道德经》第42章说："道生一，一生二，二生三，三生万物。"老子在这里提出了世界本原的问题，开创了本体论，这个本体论反映了天地万物的规律。所谓本体，是指天地万物的内在基础，在万物形成之后，作为万物基础的本体，并不消失，而继续作为天地万物的内在依据永恒存在着。但老子的本体论不是一元论而是多元论。

"道"是"有物混成，先天地生"的无极之存在。而"道生一"之"一"，是指原始物质的统一体。老子把"一"亦称为"朴"，"朴"即"道生一"之"一"。在《道德经》第10章有"载营魄抱一"，第19章有"见素抱朴"。"抱一"与"抱朴"同义，[①]"一"即"朴"，都是表示原始、本原的意思。所以，"道生一"之"一"应是我们称为世界的原始素材或元素的东西，是构成世界的物质与能量。

那么"一生二，二生三，三生万物"，应该如何理解呢？

关于"一生二，二生三，三生万物"数千年来众说纷纭，一般是从《周易·系辞》的"太极生两仪，两仪生四象"来理解，即太极为"一"，阴阳两仪为二，四象万物为三。《天文训》："道始于一，一而不生，故分而为阴阳，阴阳合和，而万物生。故曰：一生二，二生三，三生万物。"[②]然而几千年来这内中的玄机，"惚兮恍兮"，难探真谛。

当代杰出的奥裔英籍哲学家卡尔·波普尔在20世纪60年代中期提出的"三个世界"的哲学观点，为老子"一生二，二生三，三生万物"，做了完整的本体论的注解。波普尔在当代提出的哲学思想与老子在距今数千年前的思想竟然如此暗合，而且老子的思想比卡尔·波普尔对世界本质的理解更深刻、更全面。

---

①② 张岱年：《论老子的本体论》，《社会科学战线》，1994年第1期。

波普尔在“三个世界”的理论中将世界分为三个部分：“第一，物理客体或物理状态的世界；第二，意识状态或精神状态的世界，或关于活动的行为意向的世界；第三，思想的客观内容的世界，尤其是科学思想、诗的思想以及艺术作品的世界。”① 并将它们分别称为：第一世界、第二世界、第三世界或世界1、世界2和世界3。波普尔认为世界1、世界2和世界3是构成大千世界的三个基本部分，宇宙和世界的万事万物都可归类于这三个基本部分中。

波普尔在西方哲学史上第一次明确提出世界2和世界3的区分，详细论证了人类的心灵产物世界3同主观心灵世界2及物质世界1的区别和联系。这是对传统哲学中一元论、二元论的挑战和突破，波普尔在《论三个世界》的演讲中直言不讳地指出：“我打算向那些赞同一元论甚至二元论宇宙观的人们提出挑战，并提出多元论的观点。我将提出至少三个不同的但相互作用的亚宇宙的宇宙观。”②

波普尔从发生学意义上描述了物质、精神以及精神产物的必然性，体现了先有物质世界，后有精神世界，再有精神产物世界的亚宇宙观。这正暗合了老子“一生二，二生三，三生万物”的深刻思想。

至此，我们今天就可以从波普尔的“亚宇宙的宇宙观”来理解老子的“一生二，二生三”了。“一生二”指的是物质世界（世界1）产生精神世界（世界2）；“二生三”指的是精神世界（世界2）与物质世界（世界1）的二者的“和合”就产生了精神产物的世界（世界3）。这里要强调指出的是：波普尔把世界3完全归于世界2的产物是片面的，没有世界1与世界2的“和合”是产生不了世界3的；世界1与世界2的“和合”即“天人感应”赋予的灵感、直觉或顿悟，正是由此才产生了世界3中那些伟大的科学猜想、理论、数学建构、音乐、绘画和雕塑。这是老子境界高于波普尔之处。另外，“三生万物”中的“三”并不是单一指世界3（精神产品的世界），而是指世界1、世界2和世界3这“三”者相互作用，就会生生不息产生天地万物和芸芸众生。

必须指出，老子“三生万物”的思想比波普尔“三个世界”的理论更为深刻，更能反映宇宙和世界的本原和真谛，波普尔只是将宇宙和世界的万事万物都归类于这三个基本部分中，而老子认为这三个基本部分是宇宙和世界的万

---

① 卡尔·波普尔：《客观知识：一个进化论的研究》，舒炜光、卓如飞、周柏乔、曾聪明等译，上海译文出版社，2001年。

② 卡尔·波普尔：《1902~1994：通过知识获得解放》，中国美术学院出版社，2005年。

事万物发展变化的动力源泉——“三生万物”。特别是他在提出“三生万物”后，进而指出“万物负阴而抱阳，冲气以为和”，这就大大超越了波普尔“三个世界”的范畴，反映了中国古代先哲的大智慧，下面将从经济学视角分别论述这些问题。

二、企业资本的多元论视角：“资本三要素”

老子的“三生万物”为我们当代的“新资本理论”提供了多元论的基石，现在我们回到当代经济学的“资本分界”问题上来。

（一）经济学经典：二元论及其缺陷

迄今为止，当代西方主流经济学家奉行的是二元论的哲学思维。如前所述，资本主要采取两种形式，即物质资本（货币资本）和人力资本。如“资本由人们用来生产商品和服务的长期工具组成。它包括物质资本，如建筑物、机械、设备；还有人力资本，如工人拥有的技能和培训”。①

具体地说，当代西方主流经济学是建立在物质资本（货币资本）和人力资本基础上的，而这两个基本资本要素所反映和隐含的是一种西方二元论的哲学思维。

物质资本（包括以实物为基础的货币资本）与土地均属于物质世界——世界 1；人力资本则属于意识世界——世界 2（尽管劳动表现为人的体力或脑力的活动，但人的意识是起支配作用的）。所以，当代西方主流经济学本质上是建立在二元论基础上的，或者说西方经济学基础只有两极：一是物质资本（物质）；二是人力资本（意识），这是西方二元论哲学在经济学上的反映。

这种经济学的二元论对中国经济理论研究与经济改革的影响是深远的。北京大学周其仁教授提出“企业是一个物质资本和人力资本的特别市场契约”，②许多学者争相呼应。北京大学张维迎教授也认为：“企业是由许多个独立的要素所有者组成的。所有这些要素所有者可以分为两大类：一是提供人力资本的所有者；二是提供物质资本（非人力资本）的所有者（有些参与人既提供人

---

① 罗伯特·霍尔，马可·利伯曼：《经济学：原理与应用》（第 2 版），中信出版社，2003 年。

② 周其仁：《市场里的企业：一个人力资本与非人力资本的特别合约》，《经济研究》，1996 年第 6 期。

力资本又提供非人力资本）。”[①]这明显是把西方经典经济学中二元论的哲学思维发展到了极致，完全排除了另一类资本——“智慧资本”（世界3）的存在。又如意识形态明显属于智力资本范畴，而林毅夫按诺斯的定义，把意识形态作为人力资本来宣扬，无疑是犯了教条主义的错误。把“智慧资本”排除在主流经济学之外，就难以解释当代市场经济的许多现象。这是造成中国企业产权改革问题中，特别是在“人力资本产权”问题上国内学者会存在分歧的根源，其实有些学者已经在下意识地用“智慧资本”概念解释“人力资本产权”等问题，而自己却未能领会到。[②]

这种二元论的方法显然不可能完整反映市场经济的现实状况，特别是在我们所处的这样一个以知识为核心的时代，“智慧（智力）资本”已成为企业最重要的资源，知识的权力正在代替财富的权力成为主宰世界的力量，“智慧（智力）资本”的创新、投资、流通在社会经济的各个层面产生着重大影响，并形成了特有的规律。然而，尽管“智慧（智力）资本”理论在当代国际管理学界受到空前的重视，但至今仍未能在主流经济学理论中占有一席之地。把“智慧（智力）资本”排除在主流经济学之外，许多经济学问题就难以得到圆满的解答，近年来郎咸平等少数学者在探讨国有资产流失问题时良莠不分，对一些优秀企业家及其团队在企业发展过程中个人的价值和作用提出质疑，进而甚至出现对过去十几年中国企业产权制度改革的全盘否定。笔者认为，让“智慧（智力）资本”作为当代经济学的一个重要的基本生产要素进入主流经济学的视野，并使其构成经济学基础的第三极，这是解决当前经济学危机及中国经济改革诸多矛盾的有效途径。所有迹象已经显示，“智慧（智力）资本”理论未来将在主流经济学中占有极其重要的位置。特别是在我们所处的这样一个以知识为核心的时代，“智慧（智力）资本”已成为市场中最基本的生产要素和最重要的资源。

（二）二元论的突破：多元论——“资本三要素”

二元论的方法不能完整反映市场经济的现实状况，用多元论的思维来重新审视当代资本范畴是有益的，而老子“三生万物”和波普尔“三个世界”的哲学理论为我们研究当代资本范畴中的物质资本、人力资本与智慧资本提供了一个新的范式。从经济学意义来看，当代资本范畴中的“物质资本”、“人力

---

① 张维迎：《所有制、治理结构与委托—代理关系》，《经济研究》，1996年第9期。

② 徐鸣：《论“人力资本产权”分歧的化解及其与智力资本的关系》，《现代财经》，2007年第1期。

资本”与“智慧（智力）资本”，正恰如其分地对应着老子“三生万物”和波普尔的世界1、世界2、世界3。因而从经济哲学视角来看，我们可以试把“物质资本”、“人力资本”与“智慧（智力）资本”分别定性为世界1、世界2、世界3的属物，它们是构成市场经济的最基本的生产要素。由此，提出“资本三要素”的概念，并试提出了一个“资本三要素”模型（见图4-1）和市场资本价值计算公式：①

$$C=C_1+C_2+C_3$$

式中，C为市场资本总价值；C_1为资本1（物质资本）；C_2为资本2（人力资本）；C_3为资本3（智慧资本）。

在此基础上对物质资本、人力资本与智慧资本的内涵、边界及其与其他资本概念的关系做了一个初步的描述（见图4-1）。从会计计量的角度看，“资本三要素”中物质资本的价值一般反映为账面价值，而人力资本和智慧资本的价值一般是以公允价值来反映。

“物质资本”、“人力资本”、“智慧资本”这三者是从远古自人类有目的的劳动生产活动之始，就隐性或显性地存在并贯穿于人类由原始劳动生产活动到自然经济、市场经济直至新经济的始终。尽管“资本”的概念是在市场经济诞生后才出现，但作为“道”，它一直伴随着人类从远古发展到今天，正所谓：“道”“百姓日用而不知”。我们回顾远古时代就可发现这三者才是真正推动人类社会发展的基本要素和原始动力。正是“物质资本”、“人力资本”、“智慧资本”的交互作用，创造了人类社会的万事万物，推动着人类从刀耕火种的时代发展到今天的信息社会。这正应验了老子“一生二，二生三，三生万物”的深刻思想。

（三）“资本三要素”的基本内涵

在知识经济时代，我们必须放弃传统经济学的二元论的思维方法，让“智慧资本”这个重要的虚拟资本，作为当代经济学基本生产要素进入主流经济学的视野，并使其构成经济学基础的第三极，这是解决当前经济学危机及经济改革诸多矛盾的有效途径。由物质资本（资本1）、人力资本（资本2）、智慧资本（资本3）“资本三要素”的基础概念，可以推解出一系列新的资本概念和形态（见图4-1），从中可以较清晰地辨别虚拟资本与实体资本的构架与

① 徐鸣：《论人力资本的哲学基础及其与智力资本的科学分界》，《当代财经》，2004年第11期。

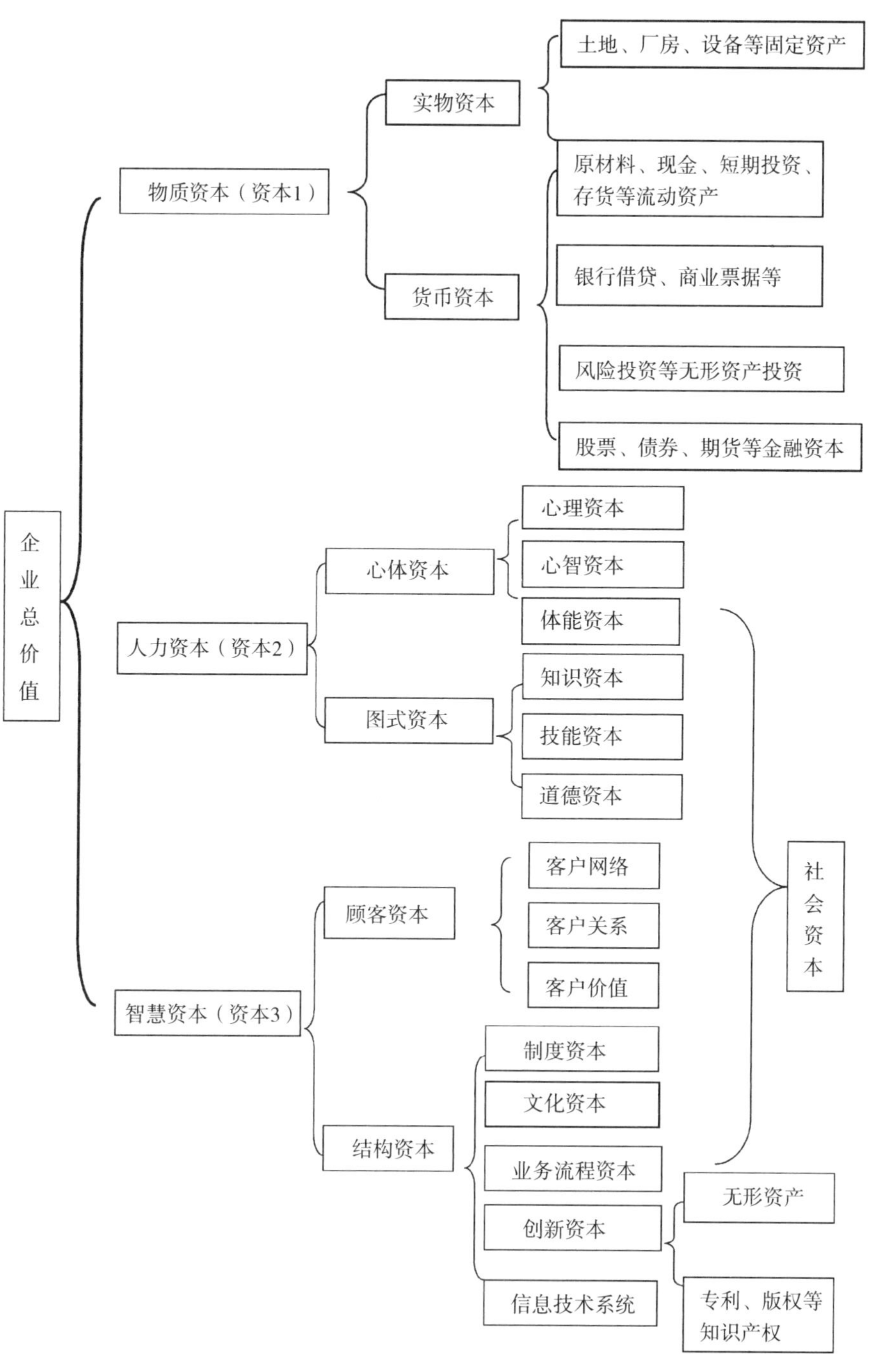

图 4-1　企业“资本三要素”模型

层次，并可直观地厘清它们的边界与关系，从而也能让我们更好地理解虚拟资本与实体资本的特性和功能。以下就来讨论“资本三要素”的基本内涵。

1. “资本 1”（物质资本）

“资本 1”（物质资本）即通常所说的投入生产流通过程的那些人类劳动的产品，它指土地、机器与建筑物等被称为资本物品的东西，也指用来买卖资本物品或买卖厂商的资金。“资本 1”是在两种意义上使用的：一是作为生产手段或生产要素。二是作为获利手段，资本从事生产，也产生利息；而资本产生利息是由于它能生产。从稀缺性来看，“资本 1”（物质资本）的稀缺性体现为物质资源的有限性。关于物质资本我们无须赘述。

2. “资本 2”（人力资本）

“资本 2”（人力资本）包括企业管理者与员工所具有的创造灵感、观察决策、主动性及其知识、技能、经验、健康和其他潜在的精神存量，这样界定是为了与舒尔茨等经济学家人力资本的经典定义达成一致（这与波普尔的世界 2 是有出入的）。埃德文森所说的，人力资本是指企业员工所具有的各种技能与知识，是创造智力资本的来源，它以潜在的、非编码的方式存在，且归员工个人所有，更接近波普尔世界 2 的哲学观点；特别是埃德文森的所说的人力资本是以潜在的、非编码的方式存在于员工个人身上的，更为深刻地反映了“资本 2”（人力资本）的真正内涵，所以，从某种意义上说，我们可以认为人力资本本质上是一类能使时间更有效率并能带来利润的“意识流”。

人力资本又分为心体资本和图式资本。心体资本是通过先天遗传获得的，它是由个人与生俱来的基因所决定的，如学习能力、创新能力、主动性、意志力、体力、健康。图式资本是后天获得的。德国认知心理学家巴特利特在《记忆：一项实验与社会心理学的研究》中提到，图式是个体已有的知识结构，这个知识结构对于个体认识新事物发挥着重要作用，在认知过程中，个体只有把新事物与已有的相关知识联系起来才会理解它，因此，图式又被称为认知框架。图式资本是由个人在成长过程中经过不断的人力资本投资，通过学习而形成的人力资本，如知识信息容量、生产技术能力和道德价值观，它是以潜在的、非编码的方式存在于人体中的“后天获得的知识和能力”。若严格按波普尔的哲学观点来界定，应将其归为“资本 3”——智慧资本，即如埃德文森所指的“人力的智力资本”。但为了不偏离舒尔茨等经典经济学家人力资本的定义，我们仍将其归纳为“资本 2”。

从稀缺性来看，“资本 2”（人力资本）的稀缺性最终体现为时间的稀缺性。

由于人力资本的载体——人的生命是有限的，对于生命来说最稀缺的是时间。无论是从内生人力资本还是从外生人力资本来分析，如人的学习能力、创新能力、体力健康是有时间性的，随着时间的推移与生命的消失而终结。所以，舒尔茨认为有效地分配和利用时间的能力属于人力资本的重要组成部分。贝克尔在分析人们的经济行为时也强调了时间价值的重要性，专门阐述了时间配置问题。

“资本2”（人力资本）的特征在于：

（1）“资本2”（人力资本）对于他人来说，只有价值，而没有使用价值。因为它的人身依附性、创造性、主观性的特点，除了拥有者外，别人不可能使用它，而只能交换和使用它所创造的智力资本和物质资本。人力资本的价值和使用价值是统一于人身上，而不可分离的。“资本2”（人力资本）的价值若得不到体现，其使用价值将立即贬值或荡然无存。当然“资本2”（人力资本）价值的实现必须有相应的结构性资本支持，即通过制度安排和组织安排来促进人力资本的积累和价值的实现。

（2）“资本2”（人力资本）的收益明显与智慧资本和物质资本的不同。由于它的人身依附性，所以它包括两个方面：一是货币收益；二是精神收益。而从精神收益来看，“资本2”（人力资本）具有非理性特征，它并不完全以利润最大化为目标，而智慧资本和物质资本则是以利润最大化为目标。

3. “资本3”（智慧资本）

它是“资本2”（人力资本）的产物，是指由人力资本创造的可以转化为利润的企业制度、企业文化、知识产权、组织结构、业务流程、信息技术系统、客户库、客户关系、客户潜力等。

“资本3”（智慧资本）的创造常常被描述为循序渐进的过程：从资料和数据到信息到知识、智慧再到智力资本。该演变过程表明首先用资料和数据建立信息，然后通过员工的“资本2”（人力资本）消化这些信息，被消化的信息变成员工大脑里的默示知识，知识的累积再变成员工新的“资本2”（人力资本）——智慧，智慧的输出再变成“资本3”（智慧资本），由员工输出的“资本3”（智慧资本），将转变为企业的资源禀赋留在企业中，并不会因员工的离开而消失。

从稀缺性来看，“资本3”（智慧资本）的稀缺性主要体现为价值信息的稀缺性。“资本3”（智慧资本）由已经编码的信息所构成。对于我们来说，每天要面对浪潮般汹涌而来的各种信息，但大量的是垃圾信息，有价值的信息是稀缺的，而有价值信息的稀缺性与信息的不可供应性有关。马克斯·布瓦索在《信息空间》中指出："早在 1962 年阿罗就指出，不可供应用性和不确定性是造成对信息产品投资不足倾向的罪魁祸首。涉及一件信息产品的效用的不确定性使公开成为问题，从而使可供应用性也成为问题。然而，即使不确定性问题完全不存在。也就是说，信息产品的效用属性完全清楚，可供应用性这一点依然是一个问题。原因是信息和物质产品不一样，在复制时事实上不用花什么代价，可以很快地被每一个人所拥有，即使在严格的法律意义上人们对有关信息也并无产权。减少信息的不确定性实际上促进了它的扩散，因而严重地加剧了它的可供应用性问题。"[①] 有价值的信息的不可供应性决定了它的稀缺性，因此，价值信息的稀缺是必然的。搜寻或创造价值信息的成本高低，往往是影响国家、企业或个人成败的关键因素。

从会计核算的角度对"知识产品"的分析也充分反映了"智慧资本"的特点："'知识产品'成本核算具有非完整性和弱对应性。一方面，知识产品的生产有大量的前期培训费用，这些基础开发或相关试验费用等往往无法计入该知识产品的成本，因为这些成本不是惟一对应于该知识产品的，它们往往是技术进步和教育累计的结果，而且几乎所有这些成本对于几乎所有知识产品都具有交叉性。另一方面，与这些成果有关的先行研究的研发费也不会逐一对应归算，这些成本可以被归为社会承担的成本而非知识产品在计算其成本时可以计入的成本。正因为如此，知识产品的会计成本有时几乎可以忽略不计。"

但"智慧（智力）资本"的创造与分享是非常重要的。创造和分享新信息构成现代国家竞争优势的核心。为说明这一点，丹尼森所做的对 1929~1982 年美国增长情况的分析说明，在去掉经济周期因素后，他发现"这一时期每个工人产出增加的原因的 30%可以用每个工人的教育水平的提高来说明，而 64%可以用知识的发展来说明。因此技术变化仍然是增长的主发动机，对人力资源的投资居第二位"，[②] 由此可见"智慧（智力）资本"创造的重要性。

企业可以通过多种方法获得保存在员工大脑里的人力资本，并使其成为企业的智慧（智力）资本。有些企业寻求有特定人力资本的人，给他们提供有吸引力的工资，将他们的专业知识贡献给企业的知识库；有的企业甚至通过并购来获取其他企业的人力资本和智慧（智力）资本；还有一些企业租用这种

①② 马克斯·布瓦索：《信息空间——组织、机构和文化中的学习框架》，王寅通译，上海译文出版社，2000 年。

人力资本和智力资本，即通过许可来获得所需要的知识的使用权。更多的企业鼓励自己的员工通过创新方法和流程来自己创造智力资本。

埃恩在《开发智力资本》一书中指出：“世界顶尖的理论家和企业家共同意识到，知识时代的企业成功主要取决于企业生产知识资产——智力资本——的多少，以及将创新迅速传送给全球客户的能力，可惜大多数人仍未意识到，只有通过企业内部成员或合作伙伴间广泛的自愿合作，企业才能获得高水平的智力资本，这种自愿合作行为也称为社会资本。”① 笔者认为，社会资本实际上是人力资本与智慧（智力）资本的派生的虚拟资本，以下作一简要论述。

（四）人力资本与智慧资本的派生虚拟资本——社会资本

自著名的社会学家科尔曼于1988年发表《人力资本创造中的社会资本》以来，“社会资本”概念目前已经成为包括社会学、政治学和经济学在内的诸学科最为热门和流行的研究领域之一。② 但是学者们对于社会资本的确切定义仍在争论不休，不同的学者从网络组织、价值观念、行为规范、互惠信任以及合作行动等各个不同的侧面对社会资本概念进行了界定，但其中最为核心的内容是什么呢？“社会资本”实际上是由人力资本与部分智慧（智力）资本所构成的，这种“社会资本”有助于充分开发、共享和利用某一群体中所有人内在的创造潜质。在综合科尔曼等学者观点的基础上，埃莉诺·奥斯特罗姆提出的“社会资本是共享的知识、理解、标准、规则以及对有关个人群体进行周期活动的互动模式的期望”③的定义，最能反映社会资本的虚拟性质。而企业“资本三要素”模型对这个概念作了最直观的界定。

在知识经济中，企业的“社会资本”是获取长期竞争优势的基础，但获取这种优势是不容易的。本质上说，高度发展的“社会资本”具备自我维持和互相促进的特点，这种关系需要长时间地培养，因此不会像技术、软件或其他孤立环节和方法那样容易被别的企业抄袭。另外，“使社会资本难以模仿的原因是无法通过增加金钱激励来控制或影响社会资本。真正的亲密关系只存在于高度信任和利他主义的社会环境中。不幸的是，这些特点在多数组织中并不存在，取而代之的是当今盛行的竞争的定位和管理下属的权力”。④

①④ 埃恩：《开发智力资本：企业内部智力资本的奥秘》，郭延航译，机械工业出版社，2003年。

②③ 帕萨·达斯古普特、伊斯梅尔·撒拉格尔丁：《社会资本——一个多角度的观点》，张慧东等译，中国人民大学出版社，2005年。

第二节

企业资本的“阴阳”模型：虚拟资本与实体资本

在当代资本范畴中实际上已经形成了以实体资本为一方的“硬资本”和以虚拟资本为另一方的“软资本”两大部分，而这两大部分是建立在“资本三要素”——物质资本（资本1）、人力资本（资本2）、智慧资本（资本3）基础上的。而人力资本、智慧资本理论的产生，本质上是从微观视角提出了“虚拟资本”的问题，人力资本、智慧资本理论的核心是对企业和员工所具有的人力资本和智慧资本，这些过去被看作是费用或成本的、不具备传统资本实物形态的东西进行“资本化定价”，以决定其未来收入流的预期。人力资本、智慧资本的“虚拟资本”性质体现了当代社会经济中“资本化定价”的泛化，它们与物质资本等“实体资本”的相互作用，推动了当代经济的发展。我们若从经济学的视角对老子的哲学进行本体论和认识论上的分析，就会发现老子“万物负阴而抱阳，冲气以为和”的学说与非主流学者“新资本理论”中的“实体资本”和“虚拟资本”的观点是互为印证的。以下就来探讨这个问题。

一、老子“万物负阴而抱阳”的内涵

在前面的论述中，老子的“三生万物，万物负阴而抱阳，冲气以为和”比卡尔·波普尔对宇宙和世界的理解更深刻、更全面。波普尔指出了“三个世界”的性质，认为世界1、世界2和世界3之间存在着“因果关系”，它们之间直接或间接地发生作用。但是波普尔没有在此基础上继续深化分析“三个世界”的归类与分型，更没有理解到“三个世界”的“和合”问题。而老子对“三个世界”进行了阴阳属性的分型——“万物负阴而抱阳”，把“三个世界”分为“阴”的部分和“阳”的部分（“一”或曰世界1——物质世界为“阳”；而与物质世界对应的“二”、“三”或曰世界2、世界3——精神和精神产物的世界为阴），看到了在“三个世界”的基础上的“阴阳和合”——“冲气以为和”，老子在这里既谈了世界1、世界2和世界3之间的因果关系，又把“三个世界”做了“阴阳和合”的分析，而波普尔的哲学中没有关于

"阴阳"与"和"的探讨，所以我们说老子的境界更深、更高、更远。

老子把宇宙和世界的一切变化都看成是"阴、阳"之间能动的相互作用的表现，因此他认为，宇宙间万物都存在"阴、阳"的关系，而这"阴、阳"的关系是建立在"三生万物"基础上的。"万物负阴而抱阳，冲气以为和"，就是和谐地使世界万事万物得以自然生化。负阴而抱阳，体现了阴阳更替，兼容并包，相辅相成的整体性和谐思想。这是自然界与经济社会万事万物发生、发展、消亡的运动规律，是不以人的意志为转移的对立统一规律。

二、资本的"阴阳"（虚实）分界

老子说"万物负阴而抱阳，冲气以为和"。"资本"仍属万物，其必具"负阴而抱阳"的性质，中国非主流经济学者关于"实体资本"和"虚拟资本"的分析就充分体现了这一认识论的观点，尽管他们大多数人的目光只停留在金融市场上。

大多数情况下人们所称的"资本"一般是指"实体资本"，它包括物质资本和货币资本，它是看得见、摸得着的"硬资本"，我们可将其定性为"阳"性资本。而"虚拟资本"应该包括人力资本、智慧资本、金融资本，因为它们的资本特性是相似的。由于它是阴柔无形，变幻莫测的"软资本"，我们亦可将其定性为"阴"性资本。下面在"资本三要素"模型的基础上，试进一步以"阴阳"结构来分析和界定实体资本和虚拟资本的边界与关系，为此，提出了一个实体资本与虚拟资本的"阴阳"结构模型（见图 4-2）。

由此可以看到：物质资本（资本 1）、人力资本（资本 2）、智慧资本（资本 3）等"资本三要素"可划分为：属"阳"性的（以浅色表示）实体资本和属"阴"性的（以深色表示）虚拟资本两大部分。实体资本主要由实物资本和货币资本中的短期银行借贷、商业票据等构成；"虚拟资本"主要包括人力资本、智慧资本以及金融资本中的风险投资、股票、债券、期货等。在这个分界的基础上，我们可以推解出一系列新的资本概念和形态，如社会资本、制度资本、顾客资本、文化资本、创新资本等。从中可以较清晰地辨别虚拟资本与实体资本的构架与层次，并可直观地厘清它们的边界与关系。

从图 4-2 中可以看到，实体资本与虚拟资本的边界可分，但它们中的一些要素可以在实体资本与虚拟资本中相互转换。如货币资本属于"阳"性的实体资本，但它转化为银行长期借贷资本、股票、债券、期货等金融资本后就

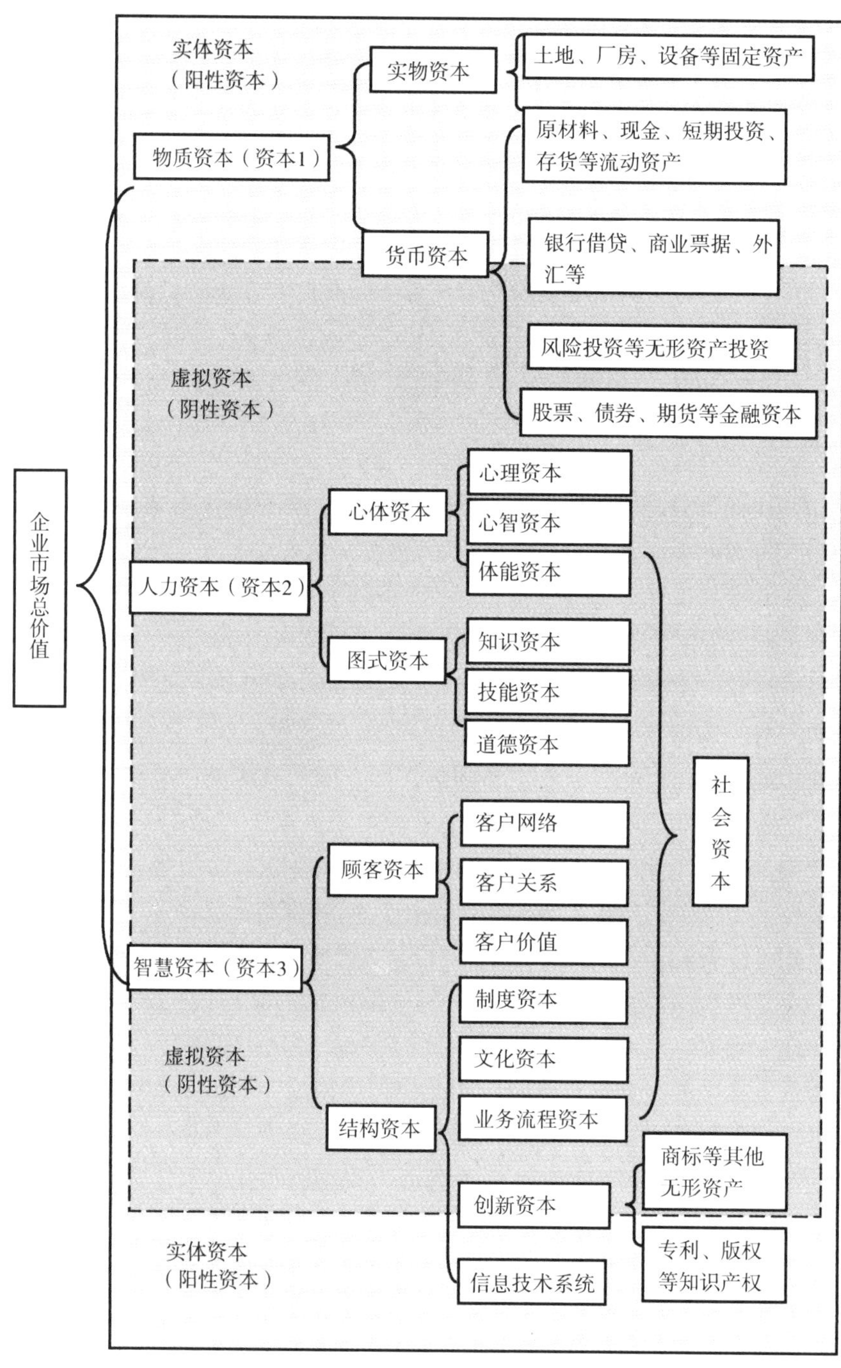

图 4-2　实体资本与虚拟资本“阴阳”结构模型

转化形成了属于“阴”性的虚拟资本，故将货币资本划分在实体资本与虚拟资本的交界处；又如智慧资本中的创新资本属于“阴”性的虚拟资本，而当它转化为专利、版权等知识产权后，又转化为属于“阳”性的实体资本，它也划分在实体资本与虚拟资本的交界线处。

第三节

企业“资本太极图”与新资本循环观

一、“资本太极图”

老子在《道德经》第 42 章中说的，“道生一，一生二，二生三，三生万物，万物负阴而抱阳，冲气以为和”，实际上可以看成是对太极图的一个优美诠释。太极图是研究《周易》原理的一张重要图像，包含了天地万物的共通规律在内，所以有人说它是宇宙的模式，是科学的灯塔。在对实体资本与虚拟资本的“阴阳”结构模型进行分界的过程中，这种分界若用“太极图”来反映就更为简洁而独具说服力（见图 4-3）。

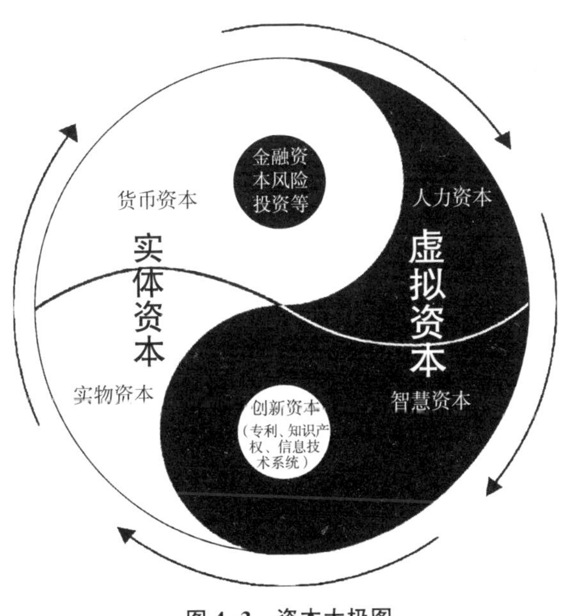

图 4-3　资本太极图

我们若把资本看成是一个阴阳太极（阴阳太极鱼），阳的部分反映的是“实体资本”；阴的部分反映的是“虚拟资本”。在阳的“实体资本”部分，可将其分为两大类：实物资本与货币资本；在阴的“虚拟资本”部分，也包括两大类：人力资本、智慧资本。

第一，从阳性的“实体资本”部分来看，由于在当代经济中货币资本在“实体资本”中占有主导地位，资金的流向决定了经济的发展方向，所以把货币资本划分在“实体资本”太极中“阳鱼”的鱼头部位，而把实物资本划分在资本太极中“阳鱼”（实体资本）的鱼尾部位。最重要的是阳鱼中的鱼眼是阴性的，而阴柔无形、变幻莫测的金融资本（属阴性）恰好划分在此鱼眼中，这就完美而形象地说明了属阳性的货币资本转换或包含属阴性的金融资本的性质，反映了“实体资本”转换或包含“虚拟资本”的“阳中含阴”的关系。

第二，从阴性的“虚拟资本”来看，由于在当代经济中智慧资本在“虚拟资本”中占有主导地位，智慧资本是当代新经济发展的发动机，人们已经越来越体会到智慧资本比人力资本更为重要，所以把智慧资本划分在资本太极的“阴鱼”（虚拟资本）的鱼头部位，而把人力资本划分在资本太极中“阴鱼”（虚拟资本）的鱼尾部位，处于次要地位。最重要的是阴鱼中的鱼眼是阳性的，智慧资本中由创新资本派生的信息技术系统、专利、版权、知识产权等属“阳性”的资本恰好划分在此，恰如其分地反映了属“阴性”的智慧资本转换或包含属“阳性”的信息技术系统、专利、版权等创新资本的性质，反映了“虚拟资本”转换或包含“实体资本”的“阴中含阳”关系。

第三，从“实体资本”和“虚拟资本”二者中，还可以继续分为“阴阳”。“实体资本”中，实物资本为“阳”，货币资本为“阴”；“虚拟资本”中，智慧资本为阳，人力资本为阴。如此这般，还可逐步分解下去。

“资本太极图”可以看作是从企业经济视角反映的“无极生太极，太极生两仪，两仪生四象”之道。从人类发展史来看，“资本”这个东西是从“无中生有”的，仍所谓“无极”；无极生太极，即从“无”中产生了“资本”这个东西，由于其为最高概念，其犹如“太极”；而“资本”可分为“实体资本”与“虚拟资本”，即所谓“太极生（阴阳）两仪”；“实体资本”与“虚拟资本”这两仪又生为“实物资本”、“货币资本”、“人力资本”、“智慧资本”，正所谓“两仪生四象”。现在来看，正是“实体资本”与“虚拟资本”的“阴阳”互动，才推动了人类社会经济的不断发展。尽管“资本”一词在人类历史上很晚才出现，但作为“道”，它一直伴随着人类从远古走到了今天。

庄子曰，“吾求之于阴阳”，“吾又奏之以阴阳之和”，“吾又欲官阴阳，以遂群生”，[①] 深刻地表达了古代先哲对阴阳之间相辅相成，协调平衡的理解，以及对阴阳“和谐”的欲求。

从这个视角来看，一个企业的运营就好比一个交响乐团的演奏，企业的物质资本就好比是各类乐器，人力资本就好比演奏家，智慧资本就好比乐谱，企业家就好比乐团指挥。要想演奏出美妙悦耳的音乐，就必须按照“阴阳之和”来协调三者而演奏。同样，一个企业只有调和顺应“资本三元素”的“阴阳和谐”，正确处理企业“实体资本”和“虚拟资本”诸要素的关系，才能适应市场的需求，引导市场的需求，实现可持续发展。

二、“资本太极图”的演绎：企业实体资本与虚拟资本之循环观

在这里提出一个新的企业资本循环观。若从“冲气以为和”的视角来理解新的企业资本循环之“道”，我们可以从“资本太极图”中如此理解企业中实体资本与虚拟资本的循环（见图 4-3）。

企业经济的发展源于实体资本与虚拟资本的交融、互动，即企业的发展源于企业中的实物资本、货币资本、人力资本、智慧资本的交融、互动。

这种交融、互动，首先会推动企业的内生增长，促进以企业核心竞争力为特征的智慧资本的形成，它是一种企业内部逐渐形成的制度、文化、理念、惯例等价值体系，也是一种技术流、价值链、客户群的创新组织网络，它在企业组织内传播、共享，不会像有形资产因为长期使用而逐渐消失其价值，而是不断使价值增值，产生报酬递增。

当企业拥有了以核心竞争力为特征的智慧资本，必会大大增强最终产品的生产与销售能力，从而推动实物资本的增长与发展；实物资本的增长与发展进而表现为企业货币资本的增长和丰裕，即表示企业财力的丰裕。

企业财力的丰裕为推动企业人力资本的增长与发展提供条件，即为企业引进人才和提高员工的物质与文化生活提供条件，企业通过加大科技创新和员工教育培训和保健的投入，推动人力资本的增长与发展（这是企业成败的关键一环，企业的人力资本若不能增长与发展，企业必然会进入倒退）。

---

① 张默生：《庄子新译注》，吉林文史出版社，1993 年。

而人力资本的增长与发展，必将推动企业创新和科技革命，进一步带来企业智慧资本的扩张和发展；智慧资本的扩张和发展，进而反过来又推动企业实物资本的丰富和增长。其中，企业实体资本与虚拟资本的涨落与均衡、突变与和谐构成了不同的企业生命周期，如此循环往复，企业经济可持续发展的图景就由“资本太极图”简洁而优美地表达了。

必须强调的是，我们这个新的企业资本循环观，重点关注的是：实体资本与虚拟资本的循环发展的目标是通过良性互动关系达到“和”，只有做到了“负阴而抱阳，冲气以为和”，企业的经济才能实现可持续地发展。而要实现这个目标，实行“有余者损之，不足者补之”(《道德经》第 77 章)。以达到事物的整体和谐，适时调整物质资本、人力资本、智慧资本这“资本三元素”之间的关系是非常重要的。

综上所述，提出一个基于资本太极图的企业生产函数，从“资本三元素”的视角来修正的柯布—道格拉斯生产函数，企业总产出为：

$$Y=A(L)^{\alpha}(K)^{\beta}(I)^{\gamma} \qquad (\alpha+\beta+\gamma=1)$$

式中，Y 表示企业总产出；A 表示自然条件生产率（索洛余值——智慧资本）；L 表示劳动（人力资本或人的心理因素）；K 表示资本（物质资本）；I 表示智慧资本（管理、专利、商标、组织网络等）；α、β、γ 分别表示人力资本（劳动）、物质资本（资本）和智慧资本（科技与管理）的产出弹性。

据此，我们可以确定企业全要素劳动生产率：企业 T 时期总产出的增长率可以看作自然条件（A）生产率与劳动（人力资本或人的心理因素 L）增长率、物质资本（资本 K）增长率、科技进步与管理（智慧资本 I）增长率的综合贡献，记作：

$$GY = GA+\alpha GL+\beta GK+\gamma GI$$

式中，I（智慧资本）的生产率是影响“企业全要素劳动生产率”的最重要因素。

第五章 “道法自然”：人力资本的创新管理

故道大，天大，地大，人亦大。域中有四大，而人居其一焉。人法地，地法天，天法道，道法自然。

——老子《道德经》第25章

自1960年美国经济学家舒尔茨在《人力资本投资》的演讲中提出人力资本的概念后，对于人在经济发展中的地位、使用和重视程度有了极大的变化，人才争夺战在各国悄悄地展开。

老子早在2000多年前就提出：“故道大，天大，地大，人亦大。域中有四大，而人居其一焉。”（《道德经》第25章）在这里，老子无疑是把人放在了与“道”、“天”、“地”同等的地位，并且在遣词上，对人的重要性加了砝码，从而阐明了人的地位，强调了对人的尊重问题。老子又说，“人法地，地法天，天法道，道法自然”，他强调对人、对事都要顺其自然，顺应天道。他还说“善用人者为之下”，认为善于用人的人，待人必谦虚，不盛气凌人。这样才能守住人才。

《道德经》第27章讲“圣人常善救人，故无弃人”。就是说要珍惜人的生命和能力，必须要以人为最根本的关怀。总而言之，老子的管理思想是如何合理使用人、信任人、重视人，最终达到管理人的目标。

老子的人本思想不仅与现代企业管理理论有许多惊人的契合，同时对于丰富现代企业管理理论具有重要启示。老子在《道德经》中对于人的地位、人的使用、人的重视等进行了广泛而深刻的论述，体现了以人为本的特征。然而，老子的唯贤思想是在特定的历史条件下产生的，在特定的历史时期发挥特定的作用，《道德经》强调“是以圣人欲上民，必以言下之；欲先民，必以身后之。是以圣人处上而民不重，处前而不害。是以天下乐推而不厌”（《道德经》第 66 章)。这段话的意思是说，要管理人，必须用言辞对其表示卑下；要领导人，必须先把自己放在人民之后。因此，圣人在人民之上，而人民并不感到沉重；在人民之前，而人民并不感到有危害。所以，天下人都愿意推戴他而不厌恶他。这种管理思想对现代领导者从事有效的人事管理活动，具有现实的研究与应用价值。管理人性观对人性的认识是管理思想形成的重要理论依据。

中华民族一直有着求贤若渴、尊贤重士的优良传统，曾有过无数次起用、重用能人兴邦治国的成功之举，如距今 3000 年前的周文王起用姜太公、三国时期刘备对诸葛亮的“三顾茅庐”，一直被人们所津津乐道。而在现代企业管理中，唯贤主要体现为人本管理，而人力资本与人息息相关，人力资本的创新管理是企业吸引人才，留住人才的关键。

中国传统人性理论之一，道家的人性自然说，给了众人很多的启示。并且在现代管理中可以看到它们的影子。英特尔公司的用人标准是：“从过去的经验看，那些真正能从工作中得到乐趣而不是仅仅为了拿钱的人能干得更好。”所以公司招收的人都精力充沛、聪明，聪明人能吸引聪明人。他们把公司当作自己的公司，所以能把自己的想法说出来，公司也鼓励他们这样做。他们都喜欢变化，因为这个行业的变化越来越快；他们还能明智地冒险，愿意对自己行为的结果进行评估。无独有偶，与英特尔公司齐名的微软公司在招才纳贤时，也把寻找最优秀的人才奉为公司宗旨。微软公司负责招聘工作的戴维·普里查得说，微软在吸纳人才方面的目标是，“寻找比我们（微软现有员工）更为出色的人”。具体来说，微软对这种人的两个最基本要求：一是创造性；二是适应性或曰可塑性。这是微软根据信息社会和知识经济的要求提出来的。①

第一节

人力资本的特性与结构

自 20 世纪 60 年代舒尔茨、贝克尔系统提出人力资本理论以来，人力资本的概念至今仍没有统一的看法。目前最经典的是舒尔茨所下的定义：人力资本是凝聚在人身上的知识、技能和熟练程度等，这些人力资本通过教育、职业训

① 李思霖:《老子的管理思想与现代管理的契合》,《齐齐哈尔师范高等专科学校学报》, 2006 年第 2 期。

练、医疗保健、迁移和“干中学”等人力资本投资而获得。

回顾人力资本理论发展历程：西方经济学大师谈得最多的是人力资本投资及人力资本投资与经济增长的关系。如20世纪60年代经过舒尔茨、贝克尔及阿罗等的研究，形成了以劳动要素分析为中心的一般人力资本理论；80年代中期以来经过卢卡斯、罗默等的发展，形成了以构建技术内生化的增长模型为中心的人力资本理论。他们在大量进行这类研究时，对人力资本概念本身内在的质的规定性探讨较少，对其要素构成与结构谈得更少。

这就造成：一方面，人力资本理论的基本内涵极其明了，“人们以不同的方式在他们自己身上的花费，不仅是为了当前的享受，而且也是为了将来取得金钱的和非金钱的报酬。所有这些现象——医疗保健、教育、信息猎取、工作寻找、移居和在职培训——不管是个人自己的行为，还是社会为其成员所做的努力，都可以看作是投资而不是消费”。[①] 这是人力资本理论的“核心”。另一方面，在国内学术界，由于学者们对人力资本的内涵理解不同，因而给出的答案迥异。人力资本的概念具有不确定性，同一语词，不同的学者作为不同的概念使用。如有的学者认为，人人都具有人力资本，而有的学者认为只有管理者和科技人员才具有人力资本。因而国内学者们在论述诸如人力资本产权、企业激励制度、企业剩余分配的制度安排等方面难免引起争论，这无疑给人力资本理论的发展和我国的改革带来了困惑。

笔者认为，人力资本是指企业管理者与员工所具有的创造灵感、观察决策、主动性及其知识、技能、经验、健康和其他潜在的精神存量。埃德文森所说的人力资本是以潜在的、非编码的方式存在于员工个人身上的，更为深刻地反映了人力资本的真正内涵。[②] 所以，从某种意义上说，我们可以认为人力资本是指蕴藏在人身上的具有异质性和边际收益递增性的有用价值的总和，是能够预期带来未来收入的一种无形资源，其本质上是一类能使时间更有效率并能带来利润的“虚拟资本”。

一、企业人力资本的特性

关于企业人力资本的特性众说纷纭。国内学者张钢做了一个较全面的阐

① 马克·布劳格：《经济学方法论》，商务出版社，1997年。

② 袁庆宏：《企业智力资本管理》，经济管理出版社，2001年。

述。张钢认为企业中的人力资本与物质资本或非人力资本相比有四个非常重要的特性。[①]

（一）人力资本的产权特性

罗森已经明确地强调了人力资本的产权特性，即人力资本与其所有者的不可分离性。从这个前提出发，人力资本天然属于个人的特性，使之在产权残缺发生时，以迥然不同于非人力资本的方式做出反应，此时产权的主人可以将相应的人力资产“关闭”起来，以致这种资产似乎从来就不存在，从而使其经济利用价值顿时一落千丈。因此，人力资源需要激励而其他物质资源则不存在这个问题。激励（包括负激励）的内容，就是把人力资本开发利用的市场价值信号（现时的或预期的）传导给有关的个人，由他或她决策在何种范围内、以多大的强度来利用其人力资本的存量，进而决定其人力资本投资的未来方向和强度。

（二）人力资本的社会特性

由于有限理性和信息不对称的存在，人力资本总是要处于特定的社会关系之中，而人力资本的产权行使也必定要受到某种程度的制约。正是人力资本的社会特性决定了人力资本与其所有者并非是完全不可分离的（尽管从自然属性看两者是合二为一的），即人力资本具有一定程度的可抵押性。因为即便假定人力资本的所有者天生具有机会主义倾向，这一倾向也不可能任意地转化为现实的机会主义行为，转化的过程必然要受到约束。如在一个企业中，雇员主观上可以任意退出或索取高价，但当他真正决策时就不得不顾及机会主义行为的可能后果（如遭到家人的反对、自身声誉的损失等）。在这种社会约束力下，他不得不理性地选择与他人合作。由此可见，人的社会本质决定了人力资本产权行使的受限制性，从而也就决定了人力资本具有一定程度上的可抵押特征。

（三）人力资本的专用特性

威廉姆森将资产专用性分为三类：地理区位专用性、物质资产专用性和人力资产专用性，而人力资产的专用性来自企业的“干中学”，它可以借助企业

---

① 张钢：《人力资本、组织资本与组织创新》，《科学学研究》，2000 年第 1 期。

专有化程度和计量劳动生产率的难易程度来衡量。从资产专用性概念出发，我们可以将人力资本的专用特性理解为针对特定组织或特定工作所进行的技能和知识投资，而且这种投资在现代企业中是一种普遍现象，如在职培训和工作轮换制都属于企业专用的人力资本投资，它强调了人与人之间在技术或知识上的互相依赖性。一个具有某种专用性资产的人若退出企业，不仅会给企业带来损失，而且会给退出者本人造成损失，因为这种企业专有的特异能力在企业外部将得不到充分评价，难以进入市场交易。人力资本的专用特性既是人力资本所有者参与企业管理，从而更有效地实现对员工的激励的重要依据，也是企业核心能力形成的基础。

(四) 人力资本的组织依赖性

企业的本质在于它是一种团队生产或长期契约的集合，而企业的团队本质又表现为人力资本与非人力资本之间的相互依赖性。在企业中，一些资源的价值依赖其他相关的资源，任何一方的机会主义行为都可能使对方的利益遭受损失；同时，相互依赖的资源也是相互特异的，从而存在替代成本。为保护依赖性资源免予受损，团队成员只有缔结长期契约，以确保一个可预期的补偿。正是由于企业组织内资源的相互依赖性才导致了人力资本对组织的依赖性，这一方面是因为没有企业员工之间的协作就不能实现人力资本的增值；另一方面人力资本不与非人力资本结合就不能发挥作用。这不仅说明了人力资本只能激励不能压榨的原因，而且进一步说明了人力资本的专用特性。人力资本的社会特性侧重考察人力资本及其社会环境的制约关系，而其组织依赖性则着重人力资本与特定组织的相互依赖关系，两者相辅相成，共同构成作为社会人的人力资本的特性。

二、人力资本的要素结构

由于研究目的和研究对象的不同，对于人力资本的内涵分析方法也是多种多样。但这些划分并没有讲清人力资本内涵的层次和结构。随着人力资本研究领域的不断扩大，厘清人力资本的构成要素以及内在结构越来越重要。

本书中人力资本分为心体资本和图式资本（见图 5-1）。

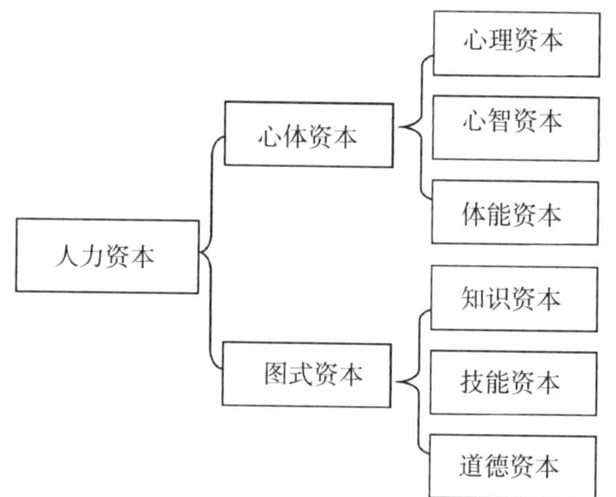

图 5-1 人力资本的组成结构

(一) 心体资本

心体资本主要是指个人通过先天遗传与后天获得的学习能力、创新能力、主动性、意志力、体力健康等，它主要是由个人与生俱来的基因所决定的，大致可分为心理资本、心智资本、体能资本等。

1. 心理资本

心理资本是作为个体的内在特质而存在的。在 Hosen 提出的观点中，他将心理资本界定为个体通过学习等途径进行投资后获得的一种具有耐久性和相对稳定性的心理内在基础构架，主要包括个性品质和倾向、认知能力、自我监控和有效的情绪交流品质等。更有一些研究者认为心理资本就是人格特质，是个体行为的重要影响因素，它是先天与后天共同作用的结果。

心理资本具有以下特点：①强调个人的力量和积极性，属于积极心理学范畴；②是一种基于积极组织行为学标准的心理状态；③关注“你是谁”以及“你想成为什么”，即关注的重点是个体的心理状态；④具有投资和收益特性，可以通过特定方式进行投资与开发，并由此通过员工潜力的挖掘，提高增值效应以帮助组织获得竞争优势。[①]

随着全球经济的快速发展以及竞争压力的加剧，企业员工的心理素质问题日益突出，成为当前管理者关注的热点问题。众多研究也表明，员工积极的工

① 杨健、蓝海林：《心理资本理论及其研究新进展》，《科技管理研究》，2010 年第 2 期。

作态度、良好的精神状态及优秀的心理素质等心理资源是组织取得较高绩效的重要原因。然而，如何获取、开发和利用员工的心理资源，提高组织人力资源开发与管理的收益，并帮助企业获取持续竞争优势，是现代人力资源管理面临的重要问题。

2. 心智资本

心智是对包含人类智力因素（感觉、知觉、表象、思维等）和非智力因素（需要、情感、情绪、意志、动机、信念等）在内的全部精神活动的概称。心智资本的形成受到来自遗传、经历、教育等方面因素的深刻影响，主要执行描述外界环境、解释周围现象、预测未来可能性、选择行动策略的功能。心智资本还具有主观性、默示性、建构性、抽象性、适应性、路径依赖性、可修正性等特性。[①] 心智资本是经济人为达到最大化效用需要收集、处理（理解）信息，需要进行成本与收益比较、权衡和推理，需要对新旧信息进行协调，使认知一致等。“劳心劳神”并没有反映到“客观的”生产成本和交易费用中。心智资本的组成主要有：一是信息资本。包括信息的设定（计划）、收集和处理。二是认知协调资本。当新信息与经济主体原有的主观模型不一致时，“修改”或维护原有的认知和心智模式需要耗费心智资源。三是决策资本。心智资本与心智结构有关。心智结构指经济主体信息收集、处理和决策的主观模型。心智资本对应于所有的心智结构——意识、潜意识与无意识层。[②]

3. 体能资本

体能资本是个人初始健康状态的一种延伸，每个人的健康状况是一种资本储备，即体能资本，它主要通过健康服务来发挥作用，通过遗传获得的初始健康存量，随着年龄增长而折旧（存在倒“U”形关系），同时也由于健康投资而增加。

体能资本是指通过对医疗、卫生、营养、保健等项服务进行投资来恢复维持或改善提高人的健康水平，进而提高人的生产能力。健康投资是其他各种人力资本投资的重要前提和基础；投资后“生病”时间的减少和生命的延长能提供更多的工作时间；更健康的身体和旺盛的精力使得每个工时的产出增长；增加了向其他形式人力资本投资的经济刺激；人力资本投资还产生正向的外部

① 何自力、戈黎华：《论心智模式和企业知识创造》，《天津师范大学学报》（社会科学版），2008 年第 1 期。

② 卿志琼、陈国富：《心智成本理论：一个超越新古典经济学的解释框架》，《当代经济科学》，2003 年第 11 期。

效应。进行健康投资的直接收益是获得健康，界定何为健康是研究健康人力资本投资、促进健康正向效应发挥的基础。世界银行在 1993 年的《世界发展报告》中指出“良好的健康状况可以提高个人的劳动生产率，提高各国的经济增长率”。①

（二）图式资本

图式资本主要是个人后天获得的。图式资本是由个人在成长过程中经过不断的人力资本投资，通过学习而形成的人力资本，如生产技术能力、知识信息容量和道德价值观。它是以潜在的、非编码的方式存在于人体中的后天获得的知识、能力和观念。大致可分为知识资本、技能资本、道德资本等。康德最早创立了自己的图式学说，他要解决的认识论问题是：知识是什么、人的知识是怎样形成的。② 皮亚杰借用了“图式”一词来说明人的认知（智力、心理）是如何发生的。在皮亚杰那里，图式是认知或心理结构。通过这种结构，个体对环境进行智力的适应与组织，从而形成知识。③所以，图式资本是员工已有的知识结构，这个知识结构对于员工认识新事物发挥着重要作用。在认知过程中，员工只有把新事物与已有的相关知识联系起来才会理解它，因此，图式又被称为认知框架，这个认知框架从经济学上讲是员工的图式资本。

1. 知识资本

这里的知识资本是指个人后天获得的知识、信息，它是以潜在的、非编码的方式存在于人体中，从而构成人力资本的组成部分。加尔布雷思正式提出知识资本概念，认为“知识资本是一种知识性的活动，是一种动态的资本，而非固定的资本形式”。④

知识资本只有被人掌握，并通过该人的劳动才能被运用于经济活动，故知识对产出的贡献是和人的劳动相联系的，其收益也体现为劳动收入或曰工资。因此，舒尔茨和贝克尔都把劳动者所掌握的知识看作人力资本的重要组成部分，认为劳动者的学习增加了其人力资本。然而，如果知识是私有物品，其所有者就可通过转移知识获得转移成本之外的额外收益，而额外收益不再表现为工资，该项知识就成了独立的资本，即知识资本。

---

① 李亚慧、刘华：《健康人力资本研究文献综述》，《生产力研究》，2009 年第 2 期。

②③ 杜雄柏：《图式学说康德与皮亚杰之比较研究》，《湘潭师范学院学报》，1995 年第 1 期。

④ 斯图尔特：《“软”资产：从知识到智力资本》，邵剑兵译，中信出版社，2003 年。

2. 技能资本

作为人力资本的组成部分，技能资本定义为在生产、服务等领域而形成的人的知识、经验、技术和能力，能够解决生产实践操作难题，为社会直接创造财富。可以认为，技能资本是劳动者具有经济价值的所有知识、经验、技术和能力的总和，能为其投资者现在和未来带来一定量的收入。技能资本是无形的，表现为劳动者的技能经验和受技能教育程度，它包括个人的生产要素配置能力、发明创造能力、沟通交流能力等。

3. 道德资本

伦理道德作为人力资本的核心内容，它直接影响和制约着人力资本效益的获得，没有人的伦理道德的参与，人力资本也只是一种“死的资本”。

所谓道德资本，从内涵上，它是指个人投入经济运行过程，以传统习俗、内心信念为主要手段，能够有助于带来剩余价值或创造新价值，从而实现经济物品保值、增值的一切伦理价值符号；它既包括一切有明文规定的各种道德行为规范体系和制度条例，又包括一切无明文规定的价值观念、道德精神、民风民俗等。①

人力资本具有能动性，是人力资本与物质资本的最大不同。人力资本的有效投入程度不像物质资本那样具有恒定性，它物化于人本身，它的开发、利用取决于人自身的活动，是通过自觉意识——尤其是伦理道德素质——的驱使而在生产过程中发挥功效的。因而，就其本质来看，作为人力资本内涵的知识、能力的使用是一种道德现象，而它的使用则直接取决于人的人生价值取向、对社会和他人的责任感以及劳动态度等道德觉悟。显然，道德才是人力资本得以实现和提升的力量之源，只有提高了人的伦理道德素质才能提高人力资本本身，才能更快更好地促进社会经济的发展。道德对经济的影响由此可见一斑。道德不仅是一种资本，而且必然以一种资本的形态参与到经济的运行过程中来，它对经济的运行发展具有重要的促进作用。

综上所述，人力资本主要由人们的心体资本和图式资本所构成，而心体资本和图式资本可划分为心理资本、心智资本、体能资本、知识资本、技能资本、道德资本。当前流行的这类与人力资本密切相关的概念，为人力资本的研究展现了无限广阔的理论空间，也使我们对人力资本的构成要素有了进一步的认识，为我们全面认识人力资本的内涵提供了一个新的视角。

① 廖小平：《论人力资本、社会资本和道德资本》，《道德与文明》，2009 年第 5 期。

第二节

“道”与人力资本管理创新

老子的“道法自然”、“无为而治”理念，在现代管理中多被应用于人力资本的管理，特别是对知识型员工的管理，其对于激发人力资本的创新和发展具有重要意义。

“人力资本”，包括企业管理者与员工所具有的创造灵感、观察决策、主动性及其知识、技能、经验、健康和其他潜在的精神存量，这样界定是为了与舒尔茨等经济学家人力资本的经典定义达成一致。瑞典斯堪的亚公司的智力资本主管列夫·埃得文森所说的，“人力资本是指企业员工所具有的各种技能与知识，是创造智力资本的来源，它以潜在的、非编码的方式存在，且归员工个人所有”，深刻地反映了“人力资本”的真正内涵。所以，从某种意义上来说，我们可以认为人力资本本质上是一类能使时间更有效率并能带来利润的“意识流”或“生命流”，老子的“道法自然”、“无为而治”正是激发这种“意识流”或“生命流”创造力的法宝。

一、“道”与管理理论的生命观与生态观的形成

从创新管理理论来看，“人力资本”的提出，促进了管理理论的生命观与生态观的形成。生命观与生态观的法则就是：“道法自然”、“无为而治”。传统的管理理论的机械观把员工视为没有创造性的，只是机械地、被动地去做事情的机器，而建立在人力资本理论基础上的创新的生命观，把员工看作生命的有机体和创造力的主体。尽管各人的创造力存在差异，但每个人都具有其独特的创造力。创新不再只是企业研发人员的专利，而应是全体员工共同的行为。从销售人员、生产制造人员、研发人员到售后服务人员、管理人员、财务人员等，人人都可以成为出色的创新源。特别在由知识型员工组成的现代企业中，知识型员工不像传统的工人那样受到机器的支配，容易受到有效的监督。相反，机器（如电脑）在知识型员工手里能出产什么产品，以及出产什么质量、什么档次的产品，几乎完全取决于知识型员工的创造性劳动。知识型员工由于自身掌握了本体性生产工具——知识，因而比传统的劳动者拥有更大的独立

性、灵活性、自由性。这种员工很容易跳槽，而他的位置并不像传统的劳动者那样容易替补，并往往给企业造成难以弥补的损失。另外，组织付给员工高工资并不能得到他们的忠心，关键是要给他们提供运用知识的机会，使其价值得到实现。对于知识型员工的劳动，既不好实行计件管理，又不好实行计时管理；既要给他们提供比较优越的工作空间，使他们能不受打扰地、自由地从事创造性劳动，又不能放手不管，不加引导。所以，从“人力资本”的视角看，企业创新管理应是一个多样化的生态系统，它应该能充分激发和提高全体员工的创新能量，发挥员工最为突出的“天赋”。所以，若我们秉承“道法自然”、“无为而治”理念，为企业创新提供系统条件，就能培养一个多种新因素互相促进的人力资本总体创新的生态环境。

“道法自然”、“无为而治”的思想对于当今社会的领导和管理工作具有重要的借鉴意义。领导者肩负着比一般人更多、更重的责任，因此他们的工作是宏观的、全局性的，他们的主要任务是研究大政方针、谋划单位的发展策略，而不应是事无巨细，全部亲自动手，在大的原则下，不应过多干涉部下的具体做法。也就是常说的有所为有所不为，即“道法自然”、“无为而治”。

二、以最小的领导行为获取最大的管理效益

“道法自然”、“无为而治”是凭借“顺其自然”的哲学智慧进行科学领导和管理，是一种以最小的领导行为获取最大管理效益的高超管理艺术。“道法自然”、“无为而治”思想在管理上的应用，就是管理者在原则规章的指导下，充分尊重个人的人格和尊严，给每一级部下与其职责相应的充分的自主权，使每一个层次的人在规定的范围内能自主决策、自主经营。除宏观的、全局性的决策外，不必凡事都请示上级。这对充分调动部属的积极性、主观性和创造性是很有意义的。企业的管理者除了把必要的权掌握在自己手中外，必须把最大的信任和自主权交给广大下属员工。这是为了让下属更好地顺应客观实际办事。这一方面是调动广大员工积极性所必需的；另一方面也是为了使领导者能够更好地摆脱一般事务的纠缠，而超脱地去谋虑企业发展的大政方针，以便更好地做好工作。老子把管理者分为五等：“太上，下知有之；其次，亲而誉之；其次，畏之；其次，侮之。（《道德经》第 17 章）”即最好的管理者，人们根本没有感觉到他的存在；次一等的，人们爱戴他；再次一等的，人们称誉他；更次一等的，人们害怕他；最下等的，人们侮骂他。在企业内部，企业

家必须成为象征，成为教师、朋友、倾听者、授权人，而不是挥舞着权力大棒的长官、独裁者、警察、工头。大量事实表明，如果企业管理者不重视人的作用，用简单生硬的工作方法对待员工，就会钳制企业员工的智慧、积极性和创造性的发挥，这也是构成企业缺乏活力的重要因素。

从企业人力资本创新管理的角度来考虑，“道法自然”、“无为而治”的思想与现代企业的管理理念有异曲同工之妙。日本的经营之神松下幸之助在回答“你的经营秘诀是什么”时，他强调：“我并没有什么秘诀，我经营的唯一方法是经常顺应自然的法则去做事。”松下幸之助的这种理念就是老子的“道法自然”、“无为而治”。我们从惠普公司的发展也可以看出“道法自然”、“无为而治”的体现。令惠普公司无比自豪的有两个事实：一是在美国，惠普被人们称为“使硅谷诞生的公司”；二是 1983 年，英女王伊丽莎白访问美国时，只提出参观一家公司——位于加利福尼亚州斯坦福大学附近的惠普公司。为什么惠普公司赢得了如此崇高的声望呢？如果以这个问题来请教任何一个惠普公司员工，无论是来自中国惠普还是惠普公司美国总部，他一定会毫不犹豫地回答：“是惠普之道。”那么“惠普之道”究竟是什么？它配得上这么高的赞誉吗？“惠普之道”之中最突出的是体现了老子的“道法自然”的理念。

惠普公司“道法自然”、“无为而治”的最突出表现是灵活的上班时间。这种制度是 1967 年在惠普设在德国伯布林根的工厂中实行的，继而推到惠普在全球的所有企业。根据惠普公司的做法，个人可上午很早来上班，然后在干完了规定的工时后离去。惠普创始人之一的戴维·帕卡德评价说：“在我看来，灵活工作时间表明，既看到了我们的职员生活很繁忙，同时也相信他们能够同其上司和工作群体一起制定一个既方便个人，又公道合理的时间表。”这并非对所有的工作都适合，但肯定对绝大多数工作是合适的。另外是“开放实验室备用品库”。实验室备用品库就是存电气和机械零件的地方。开放政策就是说，工程师们不但工作中可以随意取用，而且还鼓励他们拿回自己家里去供个人使用。惠普公司的想法是，不管工程师们拿设备所做的事是不是跟他们手头从事的工作项目有关，无论是在工作岗位上还是在家里摆弄这些玩意时总能学到一点东西，公司因而加强了对革新的赞助。据说这一政策起源于惠普的另一个创始人比尔·休莱特。可见，惠普公司的领导者的管理理论与老子的“道法自然”、“无为而治”十分契合。①

① 李思霖：《老子的管理思想与现代管理的契合》，《齐齐哈尔师范高等专科学校学报》，2006 年第 2 期。

第三节 人力资本的创新管理与激励

一、三类人力资本与企业创新

企业的每个员工都拥有自己的人力资本，一般员工的人力资本我们在此不作深入阐述，本书主要阐述与企业创新密切相关的三种不同类型的人力资本：经营型人力资本、管理型人力资本和技术型人力资本。

（一）经营型人力资本

经营型人力资本主要是指企业的创始人或高级经理人、实业家领袖，他们具有敏锐的市场目光，超前的发展意识，专门进行市场创新并能凭借创新获得超额利润。他们具有超乎常人的分析判断能力，在面临稍纵即逝的机会时能够意识到并能够牢牢抓住机会，在做决策时具有非凡的想象力，由于敢想敢做，因而能够创造出超额利润。他们是能够带来生产方式变革和革新的创新者，能够协调利用相对稀缺资源创造新的市场。相应地，报酬对于他们并非合约收入而是一种剩余收益；他们不一定要成为企业资本家或是物质资本的所有者，他们依靠的是其创造资源、调动资源的能力，而不是直接投入物质资源。经营型人力资本所有者所拥有的天赋和才能使他们不断进行创新，在市场竞争中找到获取资源控制权的方法。

（二）管理型人力资本

管理型人力资本主要是指企业中层管理者，他们在组织中拥有自己所管辖的下属，同时向企业经营者负责。他们是通过贯彻执行、计划和实施企业的目标和任务，来调动指导全体员工完成整个组织目标和任务的人。管理型人力资本所有者处于制定发展战略的企业经营者和执行任务的员工之间，在中间起到承上启下的桥梁作用。管理型人力资本所有者具有的特征是：经济上，他们的工资奖金高于一般员工；经历上，他们多是基层工作中的佼佼者；能力上，他们具有较高的知识结构和文化水平；目标上，他们通常不满足于现状，具有管理创新的冲动，希望得到进一步的升迁。他们在管理上的创新将直接影响到被管理者，对于提高企业绩效具有举足轻重的作用。企业管理型人力资本所有者通常是从企业的基层工作中提升上来的，多年的基层工作经历使他们具备了丰富的经验和知识，他们能够与下属打成一片，告诉下属该做什么以及如何有效地工作。

（三）技术型人力资本

技术型人力资本是专业技术或者独特的技术诀窍的拥有者。他们与其他两种类型的人力资本相比具有特有的属性。对企业来说，技术型人力资本最有价值的部分是专业技术或者独特的技术诀窍。技术型人力资本所有者与经营管理者相比，其经营和管理技能较差，而与普通员工相比则具有更加专业的知识和技术水平。一般来说，技术型人力资本所有者是企业技术创新的领路人，具有极强的技术创新冲动，他们密切关注企业界技术发展的动向，在通常情况下企业中的技术型人力资本所有者极有可能被提拔为企业管理者甚至经营者。具体来说，企业中的技术型人力资本所有者又可以分为技术研发人员、专有技术人员和企业营销人员三类。

二、企业三类主要人力资本的激励

企业中三种类型的人力资本所有者的需求是不同的，他们具有一定的层次性，所以企业激励机制的安排必须将激励机制与其对应的对象结合起来。

通常认为，经营型人力资本所有者喜欢尝试未曾经历过的事情，然后对其进行调查、策划并加以实施以期获得组织中其他成员的认同，这种心理上的满足和精神上的享受对他们来说是非常重要的；对于管理型人力资本所有者来说，待遇和升迁机会是他们最为关注的，物质和精神在他们看来同等重要；而技术型人力资本所有者在职位的升迁或报酬的增加中，他们会选择后者，物质上和成就上的满足对他们尤为重要。当然，这三种类型的人力资本所有者的需求并不互相排斥，只是在不同的阶段侧重点不同。本书将针对这三种人力资本类型提出与其相适应的激励机制。

（一）经营型人力资本的激励

从经营型人力资本所有者的特征中可以很明显地看出，对企业经营者采用的激励模式一定要把物质方面的激励与精神层次的激励相结合起来，不仅要实施临时的激励，还需采取长期激励的方式。在现有的经营型人力资本的激励方式中，一般认为年薪制和股权激励这两种激励方式正好满足上述的要求。

1. 年薪制激励

对经营者实行年薪激励，是指企业将一年作为期限，通过考察经营者在该期间的运营成果并以此来确定其收入的方式，在这种激励方式下，经营者的报酬通常是由基本工资与风险报酬两个部分构成。其中，在核定基本工资时要考虑到该企业的规模大小情况、运营收入幅度和该企业所在地区及该企业整个员工报酬的平均档次等因素，这部分收入与企业的收益无关，并由财务部每月将其按时发到每个经营者手中。而风险报酬则与该企业的收益相关并于每年年末对该企业的效益进行的审计结束后实施结算，按照结算结果一次全部发放或者分摊到各月发放。

实施这种激励模式的好处：一是它能较客观地体现出经营者的经营绩效。将一年作为期限来考察经营者的经营业绩，并据此来确定他们的收入水平，这将更好地体现按劳分配的规定。二是它通过工资分配制度来激发经营者的工作热情，加强经营者在企业发展过程中的责任意识，同时它突出企业运营业绩和经营者所担当责任的统一，这也会增强经营者的风险意识。这种激励模式体现了利益、责任与风险的一致性原则，最终会培养出一批有高度责任感和风险意识的高素质经营人才。

年薪制激励在长期报酬方面也有欠缺，当经营者没有足够的动力时，往往会通过寻租、在职消费等其他渠道获取收入。此外，虽然年薪制理论上不应规定上限，但从企业成本和现实环境的角度考虑，企业并不会无限制地增加经营者的年薪。因为对经营者不断地加薪虽会对其起到激励的作用，但这会给整个企业的薪酬计划以及对普通员工的激励计划带来许多新的问题。而且随着现代企业越来越多地使用扁平式组织结构代替了层级式组织结构，意味着利用职位升迁来进行激励会越来越少。所以20世纪90年代以来，许多企业开始采用股票期权激励以达到长期持续地激励企业经营者的目的。

2. 股票期权激励

股票期权指的是企业的股东授予经营者的一种权利，允许经营者按照一个事先约定的价格买入一定份额的本企业股票。在这种激励方式下，经营者为了保持其持有该企业股票的价格在未来持续上涨，他们会更加关心企业的利益，尽力让该企业的资产稳定增长。股票期权激励把经营者的收入与企业资产升值挂钩，既能使经营者的报酬达到最大水平，又能使企业最大限度地获得效益。企业对经营型人力资本所有者实行股票期权激励有以下四个优点：第一，经营者薪酬与股票价值挂钩使得经营者的利益与企业的利益有机地结合起来，且不会削弱企业原有的资本数量，因为经营者获取的收益只是该企业增长的那部分价值。第二，股票期权激励能起到长期激励经营者的作用，有利于经营者产生长期化行为，即长期留在该企业工作。因为在这一激励方式下，经营者通常在5~10年才能行权。而且如果企业有上市计划或者该企业有很好的成长空间，经营者通常会继续效力于该企业以获得更高的收入。第三，对经营者实行股权激励能够把激励与约束机制相结合，这就保证了资本市场对企业和经营者的监督和约束作用的正常发挥。第四，期权激励对企业现金流的成本要求不高，因为企业若通过增发股票来提供奖励则不需要资金，回购时要求的现金也较低。

当然，股票期权激励有制度缺陷，如通常它只适用于上市企业对经营者的激励，对于非上市企业则需要采取模拟股票期权的方式，但由于不能通过资本市场确定行权价格和实现的收益，因而在企业确定行权价格时就不可避免地加入许多主观因素。此外，这种方式下，由于经营者的收入大部分取决于股票价格，他们有可能靠增加股票市场上的项目投资来提升股票价格而获取高收入，而减少对人力资本和科技研究等方面的投资，这对企业的长远发展是极为不利的。

我国企业在实施经营型人力资本的激励措施时应该结合企业自身的实际情况。现阶段，我国企业尚未建立规范的现代企业制度，应先实行年薪制激励，同时要考虑长期激励。实际操作中可根据企业的类型，把年薪激励和股权激励按照不同的方式结合。如针对上市企业中经营型人力资本的激励，可以考虑把股票期权激励方式和年薪激励制度以及经营者持股计划激励结合起来，鉴于经营者持有股票的方案能够约束经营者一直拥有买入该企业的股票直到他们离任。这三种激励模式的结合就能够防止单独采用年薪制激励时所带来的经营者短期行为的发生。同时持股计划和股票期权中的购股资金起到了风险抵押金的作用，增强了经营者的风险意识。在完善年薪制基础上实行股票期权制度，又可以为经营者准备购股资金，消除实行经营者持股激励或者期权激励的障碍。由于我国股权激励目前尚属于新生事物，可以尝试先采取各种收入平等分配的比例，随着我国市场以及相关制度的建立和完善，再进一步对持股收益和股票期权收益的分配比例进行相应的增加，直到将短期奖金制度彻底替换掉。而针对尚未上市企业的经营者，则可以考虑在采用年薪激励和回购股票制度激励的同时，运用奖金账户激励机制。奖金账户激励制度就是企业设立一个特定的账户，并硬性规定经营者必须将其年薪中的风险报酬那部分划入该账户，企业将全权代表经营者来管理该部分收入，一旦企业的经营业绩表现不好或者企业收益出现下降迹象时，企业将从该奖金账户中相应地划出一部分奖金，从而实现对经营者的约束。奖金账户的资金会按规定减少甚至可能出现负数，该账户若在经营者任期一段时间之后或是离任之前仍然有余额，则自动将该部分余额转化为企业的股权，并将这部分股权回购给企业，从而将年薪制、奖金账户制以及股票回购制有机地结合起来，这种激励模式盘活了尚未上市的企业中股权激励的实施，从而充分发挥出了股权激励对企业经营者的激励作用。

（二）管理型人力资本的激励

针对管理型人力资本的特征，在物质层面要对企业管理者采取由基本岗位工资、绩效奖金以及适度股权收益三部分构成的薪酬制度，其中对分管生产经营和科研开发等重要事务的管理人员的股权激励比例面要相对设计高一些；在精神激励方面，要对管理者的工作环境、职位晋升和在职培训等方面加强激励。具体如下：

1. 物质激励

作为企业的人力资本，管理者不只停留在对固定工资的要求上，而是渴望一种适应其特点的薪酬制度。企业管理者的报酬体系基本上是由基本岗位工资、福利、年终奖、股票期权和在职消费等方面构成的。管理者激励的关键问题是设计出一个合理的管理者薪酬体系和比例，在进行具体设计时应考虑以下三个方面：

（1）将企业管理者的收入与其绩效挂钩，为管理者提供极具竞争力的薪酬体系。企业应该就企业管理者业绩评估建立起科学合理的制度，以其工作绩效为基础确定奖金和工资，把绩效从低到高划出分为不同的等级，管理人员的报酬要随其能力提升相应地提高，这样的信息传递会促使管理者更加关注自身的发展。

（2）与对经营者实行股权激励的目的不同，企业对管理者实行股票奖励的目的是通过管理者的业绩与股票奖励的挂钩，一方面可以减少企业的现金流出，另一方面可以使管理者和企业的所有者成为利益共同体，从而减小管理者偷懒不努力工作的动机，进而使企业的委托代理成本得以降低。因为管理者的“搭便车”成本小且难以被察觉，所以将管理者利益与企业所有者利益相联系后就能降低企业的代理成本，这也是企业对其管理者实施股票激励模式的主要目的所在。

（3）可以考虑允许企业的管理者适度参与到企业薪酬体系相关制度的制定和管理中来。国外的相关实践结果表明，准许管理者参与报酬制度的制定和报酬制度的设计可以很明显地增强管理者的满意度，因为当管理者参加到企业薪酬体系制度的制定之后，制定出的新制度肯定是符合管理者的实际情况的，并且能更加满足管理者的要求，而且在参与制度制定的过程中，管理者还可以与经营者对企业的某些报酬政策进行交流，一来可以让经营者了解其真正需求，二来可以增强管理者与经营者之间的相互信任度，从而使得企业对其管理人员的激励产生更加显著的效果。

2. 精神激励

精神激励对企业管理者的显著激励效果也不可忽视，下面将具体介绍精神方面的四种不同类型激励措施：

（1）环境激励。工作环境具体包括办公设施的提供和办公场地的建设、权力使用程度、制度执行情况以及企业上下级之间的关系等，对涵盖这些方面的工作环境的激励，对于管理者来说也是十分关键的。企业应当在充分了解管理者对工作环境具体要求的基础上，尽力为他们创造一个轻松愉快的人力资本的激励与风险防范机制。在制度方面，经营者应当科学合理地为企业管理者设立如考核制度、薪酬制度、晋升制度、责任制度、培训制度等同时具有激励作用和约束作用的企业制度，以激励管理者努力工作。此外，由于管理者担负着企业中战略决策的制定和执行的重要任务，他们的心理压力和工作压力通常都很大，所以企业经营者必须要在企业中创造出一种健康愉悦的氛围使他们的心理压力得以缓解，这是一种成本虽低但效果明显的激励模式。

（2）晋升激励。职位升迁可以使管理者心理上对成就的需求得到极大的满足，因而对他们来说有着显著的激励作用。随着越来越多的企业普遍开始采取扁平化的结构，对管理者进行的晋升激励模式也随之退出其在激励机制中所占据的主导地位，但是职位晋升激励依然可以作为对管理者激励机制的有效补充，同时，由于企业中不同管理者的能力有差异，所以在实施职位升迁激励措施时，一定要善于对有超常能力的管理者给予提拔，任人唯贤，不可大材小用也不可提升过头，以防企业中管理型人力资本被浪费。

（3）权力激励。权力激励就是适时适度地增加企业管理者进行自主决策的权力，满足他们在心理上对于权力的需要。作为企业管理者，如果没有相应的权力或者拥有的权力太小，将会影响管理工作的展开和进行。经营者授权之后，管理者才有充分的权力对其管辖的群体进行管理，实现共同目标，且只有被经营者授权之后，管理者才能感到自己被信任和被重视，进而使得管理者的责任感和参与意识得到极大的调动。

（4）培训激励。在现代社会中，培训是管理者最看重的福利，所以企业要为管理者提供更多的培训机会来帮助他们不断补充新的知识和技能，使他们能够跟上社会发展的步伐不断地前进，从而真正留住管理者。一个企业若能引入先进的管理方式和管理理念，并对管理者提供多种提升个人素质的培训机会，才能真正吸引管理者并能增加他们的忠诚度。

（三）技术型人力资本的激励

1. 技术研发人员的激励

技术研发型人员的报酬中最为关键的部分是激励收入，激励收入则包括科技方面的奖励、科技岗位上的津贴、技术承包制度以及股权分享激励等。尤其是处于创业初期的企业，对其技术研发型员工的年薪制度激励可以考虑采取基本工资和技术参股相结合的方式，其中的技术参股旨在反映技术型研发人员所具备的人力资本的价值。

在文化激励方面，企业应致力于构造一个自主的学习型企业。一方面，企业要为技术型员工创造一个成长、发展以及发挥各自才能的组织结构平台，让他们有充分发挥个人才能的自主性舞台。另一方面，企业要努力与技术型人力资本所有者之间建立一份具有共同远景相同目标的心理契约，在企业和技术型员工之间架起相互信任的桥梁。

2. 技术营销员工的激励

在薪酬激励方面，企业应当针对营销型人力资本所有者的独立性、营销业绩的明确性以及营销效果的相对不确定性，对技术营销型员工的激励要采取基本工资和销售业绩提成相结合的方式，在对这类员工的营销业绩进行评估之后，按售货业绩提成，实行多销多得、少销少得的原则，从而达到更好地激励技术营销员工的目的。在工作环境方面，营销型人力资本所有者的工作环境和工作方式具有特殊性。因为他们的工作主要是与各种客户打交道，常常面临广泛的顾客要求和时时变化的市场需求，所以他们的工作方式通常会超越企业的时空界限，甚至会占用正常工作时间以外的时间。因而企业必须给予他们随时随地工作的条件和环境，以确保他们能够充分发挥工作的自主性。

案例分析：HW公司人力资本管理案例分析[①]

HW公司是生产电信设备的民营科技公司，也是全球顶级的电信与网络制造商。2011年该公司居国内民营企业500强的榜首，其业绩主要归功于人力资本对创新的贡献。

一、人力资本——公司成功的核心力量

人力资本有两个权威解释：一是通过投资而凝聚于劳动者身上的知识、技能、健康等素质的总和；二是体现在人身上的技术能力和生产知识的存量。目前，HW公司中本科以上学历占员工比例在85%以上，硕士、博士、博士后占员工比例的70%以上，已经成立了博士后工作流动站。HW公司在引进人才、绩效管理、员工培训方面有其独到之处。

（一）严格的进人机制——找准"苗子"

HW公司将人力资本视为企业的第一资源。强调知人善任，认为招聘比培训重要，招聘要找准人才，培训只能提升员工的能力。公司初创时，公司高层经理亲临面试现场，严把质量关。HW公司每年要到国外久负盛名的高校"挖掘"海外人才，在国内"211"、"985"高校以及中国科学院研究生院、中国社会科学院研究生院广罗国内高层人才。公司尤其注重应聘者的总体智力状况和学习能力的高低。

（二）合理的绩效机制——激发动机

HW公司紧扣企业战略目标以绩效考核为依据，根据员工日常工作情况灵活考核，形成相应的薪金制度。于1982年开始发放年度奖金，并给员工配股，发给员工补偿金、股票认购权证等项目。这样对员工具有长期的吸引力，不仅能留住高级人才，还具有明显的激励效果。

1. 有区别的薪金制度

公司薪酬分配依据业绩考核结果，并严格兑现。中层以上干部实行年薪制，年初制定目标，并与公司签订目标责任书，平时只发放年薪的60%～80%，视干部的级别而定，年末考核后兑现年薪。中下层以下人员实行月薪

① 本文摘引自李经路发表于《管理现代化》2012年第10期《人力资本HW公司案例探析》一文，文中有删节。

制，技术人员采取月考核方式兑现工资和奖金，实行月度目标考核按工资的40%上下浮动，与绩效挂钩。一线员工不同于中上层干部以及中下层员工的薪资制度，而是采取日考核。

2. 高速的薪金增长

公司披露，2011年上半年员工工资平均涨幅11.4%，下半年工资增幅为5%~10%。HW公司2010年销售收入同比增长24%，而雇员费用同比增长23%。

（三）健全的培训机制——提升能力

公司的人员培训丰富多彩，几乎涉及公司营运过程中每一个需要培训的环节，有生产培训“促销培训”、管理培训“新员工入职培训”和专业技术培训等形式。HW公司拥有设施健全的培训大学。自2000年以来，公司为新入职员工培训的投资额达数亿元人民币。

（四）双重的晋升制度——自由发展

公司员工的发展通道较为灵活，除了岗位轮换外，根据员工意愿研发人员和销售人员可以互换，员工可以自由选择管理人员的晋升道路或者技术专家的晋升道路，并且两种晋升方式可以转换。

二、企业创新——公司成功的助推器

由于企业间的竞争加剧，只有依靠创新才能获取竞争优势。持续不断的创新，使得HW公司在核心技术、流程再造方面领跑全球电信与网络制造行业。

技术创新对于企业而言，可以更新企业战略，使企业迅速适应市场的变化。知识和创新已经成为知识经济时代企业的主要资源。海外杂志 *Fast Company* 评出了2011年全球最具创新能力的公司，HW公司居第18名，为中国品牌最高名次。HW公司不仅高度重视研发投入，而且加强专利权保护。

（一）坚持自主品牌技术领先

公司的海外战略选择了一条最艰难的道路——自主品牌出口，其所有出口产品均为自主品牌，品牌出口的重要基础之一是技术。无核心技术，品牌将空壳化。HW公司很早就成功研发了ASIC（特定用途集成芯片），技术居于世界领先地位，同时也提高了WCDMA的国际竞争力。HW公司聚集全球的技术和人才，吸纳世界研发经验，在国际上设立了17个研究所，每个研究所的研究方向各有千秋。

（二）研发投入

HW公司每年进行研发投入的资金，不少于业务收入的10%，并将研发投入的总资金10%以上的经费注入企业基础技术、核心技术以及前沿技术项目中。其研发投入居国内领先地位。

（三）专利保护

HW公司在国内申报专利数位居榜首。并且年度发明专利占85%以上。近四年内，公司还荣获四项国家科技进步奖。这为公司技术领先的竞争优势奠定了坚实的基础。截至2010年12月30日已累计申报中国专利达到31869件、国际专利8892件、海外专利8279件。在LTE/EPC专利领域内，居全世界领先地位。

（四）流程改造

HW公司以市场管理集成产品开发（PID）、集成供应链（ISC）和客户关系管理（CRM）为主干流程，辅以财务人力资源（HAY）等变革项目，全面展开公司业务流程创新，引入业界最佳实践，形成了国内最先进的人力资本管理系统；建立了世界先进的生产运营系统；运用了财务管理系统中的编码、流程、监控、制度的统一化；采取了PID、ISC体系的业务流程体系，引进了质量控制和生产工艺方案，缩短了生产周期，提高了生产效率和生产质量。

（五）知识地图

知识地图是以知识仓库形式储藏的反映企业内外部知识资源状况的总目录！能够明确标明企业知识的方位。HW公司开展了一项技能规划与开发计划，把每个系统开发人员的能力和特定工作需要的知识制成地图，让员工与团队的配合更加默契，有利于形成信息流。

（六）强化沟通

人力资本共享能够有效地促进个体知识向企业智力资本的转化，强化沟通与交流是智力资本共享的有效手段。企业创新活动依赖信息共享。除了以上利用信息技术知识地图等手段交流外，员工之间的交流（如非管理人员与资深员工的交流等）是企业创新的一个重要变量。HW公司鼓励科研人员之间建立家庭式的信任感，让他们进行大限度的交流。同时，经常举行联谊会课题、项目讨论会、经验交流会，借以扩大科研人员的接触层面，以形成学习型组织。

三、结语

企业之间的竞争是企业的异质性资源的竞争，异质性的人力资本是企业价值创造的核心力量。如何招募合适人才并进行专门培训使其能力有所提升，建立有效的绩效机制激发员工的积极性，使其潜能得到充分发挥，既能提高人力资本的价值又能提升企业价值，是所有企业在人力资本管理方面追求的目标。企业文化是企业经营的灵魂，公司人力资本管理的模式与文化管理值得国内企业借鉴。人力资本只有成功地将其转化成企业的“商品+服务”以及其他财务价值才有意义。

第六章 “盛德日新”：智慧资本的创新管理

富有之谓大业，日新之谓盛德。

——孔子《周易·系辞上传》第5篇

汤之《盘铭》曰：“苟日新，日日新，又日新。”《康诰》曰：“作新民。”

——曾参《大学》

在当代，财富的新源泉不是物质，而是能够用来增加价值的信息和知识。很明显，现代公司的真正价值无法用传统的会计准则来衡量。英特尔或微软公司的价值并不是建立在砖头和水泥之上的，更不是在存货之上，而是建立在另外一些看不见的资产之上，那就是：智慧资本。

《周易·系辞上传》说，“富有之谓大业，日新之谓盛德”，智慧资本的本质就体现在这“富有”和“日新”上。“富有”不仅是指物质资源的富有，还包括精神和智慧资源的富有，包括员工的奉献精神，这样才能成就大业；“日新”不仅是指通过学习接受新鲜事物，而且要不断创新创造，为企业和社会贡献聪明才智，这才是高尚的品德。

物质资本和人力资本，关注的都是个体行动者的投资和收益，并将“资本”视为随机分布在社会中的独立要素，即资本被看作是独立于社会结构之外的投资和再生产。而智慧资本是嵌入在人与人之间的互动与联系中的，并不只限于个体独享，而是集体共享的产物。所以，“富有”和“日新”对于企业智慧资本的创造创新来说是并行不悖的源泉。

曾参在《大学》中引用的“苟日新，日日新，又日新”，“作新民”，也是把创新作为国家和人生的至高目标。

第一节

智慧资本的结构与特性

老子在《道德经》第43章中说："天下之至柔，驰骋天下之至坚。无有入无间，吾是以知无为之有益"。大意是："天下最柔弱的力量（东西），能在最坚硬的实体中纵横驰骋。无形的力量，能浸入穿透没有空隙的实体（地方）。我因此认识到'无为'的好处。"

当代经济，智慧资本就是这样一种无形的阴柔的力量，它在实体经济中纵横驰骋。

最早的资本概念仅局限于物质资本。到了20世纪五六十年代，经济学家舒尔茨、贝克尔等意识到物质资本概念在理论解释上的限度，提出"人力资本"的概念。在他们看来，人力资本是一种与物质资本不同的资本，是劳动者由于接受知识、技能、教育、职业培训而获得的"额外收益"，"我们之所以称这种资本为人力的，由于它已经成为人的一部分，它可以带来未来的满足或收入，所以称为资本"。①

但无论是物质资本还是人力资本，关注的都是个体行动者的投资和收益，并将"资本"视为随机分布在社会中的独立要素，即资本被看作是独立于社会结构之外的投资和再生产，而智慧资本是嵌入在人与人之间的互动与联系中的，并不只限于个体独享。

一、智慧资本的特殊定义

智慧资本是什么？直到如今，其定义还很难确定。但近几年出于需要，各个学科的个人和组织开始认真研究这一问题。美国证券交易管理委员会主席史蒂芬·渥曼提出他个人的结论，认为智慧资本仅是人类的脑力而已，也包括品牌名称和商标，经过一段时间转化成价值更大的资本（如曾经名不见经传的可口可乐，现在成了家喻户晓的品牌）。这一切，曾经都是"资产负债表上面现值为零的资产"。

还有一些研究者则将智慧资本定义为如技术领导地位、在职培训甚至对客

① 西奥多·舒尔茨：《论人力资本投资》，北京经济学院出版社，1990年。

户电话的反应速度等因素。

《虚拟企业》一书的威廉·戴维陶说：“会计学需要转入新阶段。”他说：“要以市场地位、顾客忠诚度、质量等，来衡量一家公司的价值。如果没有这种动态的观念，我们将会错估一家公司的价值。”

对企业管理教授汤玛斯·强生而言，智慧资本隐藏在最神秘的传统会计科目“商誉”之中。他说：“区别在于智慧资本是一种很难用语言表达的资产，如一家公司的学习和适应能力。”

20 世纪 90 年代，《工业周刊》杂志提到，随着经济中心的转移，金融资本的管理与测量会转移到对知识的耕耘与影响，这种知识是创造价值的最重要因素。知识应用在美国微软公司身上之多，与一家 1919 年传下来的制作贝雷帽的加拿大厂几乎无异。问问经营者，两家公司的总值之中，包括知识在内的无形资产所占的比例是多少？你会得到相同的答案：80%以上。然后再请他们好好想想，这个比例的价值注入到“商誉”里，已经超过实际记载在资产负债表上的资产。那么，他们就会恍然大悟了。

丹麦一家助听器制造公司总裁拉斯科·林德说，其公司市场价值从 1991 年的 1.5 亿丹麦币，增长到 24 亿丹麦币。但是显示在资产负债表上面的，只有 4 亿丹麦币。林德说：“所有的会计原则、所有的政府法规以及股票交易、所有的资源，一切的一切都将关注点集中在账面的等式上，这实在愚蠢不堪，因为 20 亿丹麦币的智慧资本有 5 倍的价值！”

一些观察家甚至认为，智慧资本事实上包括一些我们以为是固定资产的东西，仔细检查的话，可以证明这些资产不像我们想象的那么固定。举例而言，英国伦敦商学院的教授盖瑞·哈默尔曾认为，资产只不过是大多数人所同意的一种机会而已。

无论是何种定义，很明显，智慧资本在全世界商业中都具有极高的价值。同样执教于伦敦商学院的教授查尔斯·韩第估计：智慧资本一般是一家公司有形账面价值的三四倍。

据摩根士丹利世界指数，各企业在世界股票市场的平均值是账面价值的两倍。而在美国，企业的市场价值通常是账面价值的 2~9 倍。

英国开放商学院的教授凯斯·布莱德利表示，过去 20 多年来，企业资产负债表和投资者对公司价值的评估，两者之间的差距越来越大。1973~1993 年的 21 年间，美国各上市公司的“市场价值与账面价值”比率，平均数从 0.82 上升至 1.692，1992 年的统计显示，美国上市公司平均的市场价值，大概有

40%没有显示在资产负债表上。对于知识导向的企业而言，这种资产负债表上未能显示的资产，更超过100个百分点。

这种扭曲也反映在美国最近的一些并购事件上。检查一下在1981~1993年这13年间的391个并购案例中，其平均的收购成交价格为19亿美元，所显示的“收购价值/账面价值”比率是4.4。平均而言，被收购企业的真正价值大约是资产负债表上面价值的4.5倍。知识导向的企业收购价值更为其账面价所呈现价值的10倍以上……

我们有没有管理这些无形资产的工具呢？答案很一致，“没有，我们没有”。

微软和网景的例子支持了查尔斯·韩第和凯斯·布莱德利的惊人判断。这两家公司证明，即便没有衡量智慧资本的共同标准，只要通过观察家对于其表现的认同，就可以确定一个企业的价值，而资产负债表则无足轻重。

二、智力资本与智慧资本的区别

在论述智慧资本之前，我们有必要先谈谈智力资本，它们是密切相关而又有区别的两个概念，本书在第三章对二者作了初步分析，这里吸收新理论而作进一步阐述。当前主流管理理论中的“智力资本”概念被划分为人力资本、结构资本和客户资本三部分，并称为智力资本的“H-S-C”结构。人们把“智力资本”作为比“人力资本”更高层次的概念。

（一）智力资本的内涵

1836年，智力资本作为人力资本的同义词由西尼尔提出，他认为智力资本就是个人所拥有的知识和技能。加尔布雷斯，在他1969年写给经济学家卡列克的信中有这样的描述：“我认为如果你认识到我们这个世界上存在了如此之多的智力资本，那么你将会对未来10年的发展有很明确的认识。”① 同时，加尔布雷斯还认为：企业的智力资本是一种知识性的活动，是动态的非固定形式的资本，而不仅仅是纯知识形态的知识。虽然加尔布雷斯提出智力资本概念的时间较早，但对其研究的热潮却是在20年后兴起的。智力资本研究的先驱之一斯维比认为，智力资本是企业的核心竞争能力，是企业和组织的一种以相

---

① Nick Bontis. Assessing Knowledge Assets: A Review of the Models Used to Measure Intellectual Capital [J]. Intellectual Journal of Management Reviews, 2001, 13 (1).

对无限的知识为基础的无形资产，但不包括有形资产部分。[①] 埃德文森和沙利文认为，智力资本是企业真正的市场价值与账面价值的差额，是企业物质资本和非物质资本的合成。他们将智力资本分为人力资源和智力资产，其中智力资产又包含商业化资产、顾客资产和结构资产，进而建立了一个智力资本各组成要素相互作用以产生企业经营绩效的价值创造模型，以方便企业实现对其智力资本的管理。[②] 美国《财富》杂志的特约撰稿人斯图尔特以其深邃的历史洞察力成为了智力资本领域最重要的代言人，他在 20 世纪 90 年代初期发表了一系列的相关论文，详细论述了智力资本如何成为一个企业、组织乃至国家最有价值的资产，从而充分揭示了长期被忽视的智力资本的重要性。在他看来，智力资本是所有能够被利用于创造财富的知识元素——知识、信息、知识产权和经验等，虽然这些因素经常是以潜在的方式存在，无法触及，但它却是能够使人富有的东西。[③] 尤利克认为智力资本 = 能力×热情，其中能力是指企业员工解决工作中的实际问题和创新的综合能力，热情是指员工对公司的责任感和忠诚度，企业若要提升自身智力资本水平必须要建立合理的员工选拔、培训和任免制度，同时还必须注意培养良好的企业文化和施行人性化的管理。除此之外，英国学者安妮则把智力资本简单定义为“使公司得以运行的所有无形资产的总称”。罗斯在讨论智力资本的定义和构成的基础上，将智力资本理论与企业的战略管理理论联系在一起，详细说明了智力资本理论的出现对企业经营战略变革的重大影响。另外，哈维和拉斯基出于平衡智力资本的考虑提出了无形负债的概念，并将其纳入传统的会计体系内讨论，阐述了无形负债的构成以及对其进行识别和测量的 6 个步骤，从而进一步完善了智力资本理论体系。

至今，学者对智力资本的概念并没有一个统一的说法，综述已有文献一般认为：智力资本主要包括三类资本：①人力资本，即员工的知识、经验、技能等；②结构资本，即体现在企业内部的，组织结构、管理流程、信息系统、企业文化等；③关系资本，即体现在公司外部的，市场方面的关系网络、营销渠道、信誉、品牌等。这是当前西方管理学界公认的观点。

---

① Karl Erik Sveiby. The New Organization Wealth: Management and Measuring Knowledge Based Assets [M]. San Francisco: Berrett Koehler Publication, 1997.

② Leif Edvinsson, Patrick Sullivan. Develop a Model for Management Intellectual Capital [J]. European Management Journal, 1996, 14 (4).

③ Thomas A. Stewart Brainpower: How Intellectual Capital is Becoming America's Most Valuable Assets [J]. Fortune, 1991, 123 (11).

（二）智慧资本的内涵

在本书中，笔者认为从逻辑上来说，智力资本不能作为比人力资本更高的概念来定义，因为人力资本是起主导作用的资本，这会造成诸多经济学和管理学问题不能理顺。因而提出了“智慧资本”的概念，即“S-C”结构。把人力资本（H）从“智力资本”的“H-S-C”结构中独立出来，从而把企业中的物质资本、人力资本、智慧资本并列作为企业最主要的生产要素来分析。

智慧资本是“资本2”（人力资本）的产物，是指由人力资本创造的可以转化为利润的企业制度、企业文化、知识产权、组织结构、业务流程、信息技术系统、客户库、客户关系、客户潜力等。

智慧资本的概念众多，根据其形态的不同可以分为基于无形资产、知识和价值三类。如智慧资本是使公司得以运行的所有无形资产的总称，是每个人为公司带来竞争优势的一切知识、能力的加总。当公司投资于顾客、供货商、员工流程、科技和创新以创造未来价值，此种价值的累积就是智慧资本。

智慧资本正如其字面显示的那样，其实可以分为“智慧”和“资本”两个层面。从会计学的角度来说，无论将智慧资本看作是价值创造因素还是保持核心竞争力的优势来源，最终目的都是增加企业的价值。而所有的要素都可以用一个词来概括，那就是“资源”。故本书将智慧资本具体定义为：企业拥有或者控制，由员工的头脑中输出，作为组织整体运作及对外联系中的被具体化的企业制度、企业文化、知识产权、组织结构、业务流程、信息技术系统、客户库、客户关系、客户潜力等，它们是能为企业带来未来经济利益的企业资源。这个定义强调了以下几点：①智慧资本的所属性：智慧资本是归企业所有的，其所有权归属于企业。②智慧资本的性质：智慧资本属于企业的资产（经济资源）范畴，而不是所有者权益。③智慧资本的来源：一是来自组织的对外联系中，强调了智慧资本存在于组织所处的产业价值链中，不仅是对“S-C”中“C”（顾客资本）的体现，更是对其的扩充，把组织所处价值链的其他环节也考虑进来，如与上游供应商之间的关系带来的智慧资本；二是来自组织整体运作，是“智慧资本”的构成中“S”（结构资本）的体现。

三、智慧资本的结构

最近的研究中有学者提出了关于“智力资本结构”的新观点，借鉴于智慧资本结构的论述中。①

首先，用关系资本代替了客户资本，但其中争议比较大的是关系资本和结构资本的层级问题。关系资本侧重企业与外界的联系，是外部关系给企业带来利益的资本。而结构资本偏重企业内部，是组织内部的组织制度、规程、文化、环境等方面知识和技能而使组织能够获得利益。这内外两个纬度应该同属于一个层面，而非上下级的关系。

其次，用关系资本比客户资本更准确和全面。关系资本不仅包含了客户关系，还包含了供应商和其他利益相关者的关系。因而本书采用关系资本作为智慧资本的一大组成部分。

最后，很多研究者都提到了创新资本这个概念。但是都没有把创新资本独立出来，作为智力资本的第一层级。随着知识经济的推进和技术进步的发展，创新成为企业竞争力的动力来源，是企业发展的直接推动力。因而创新资本应该从结构资本中独立出来。

综上所述，本书的智慧资本的构成如表 6-1 所示。其中关系资本和组织资本既可以直接自己作用形成智慧资本，也可以通过创新资本这个中介。而创新资本是智慧资本最直接的动力来源。

表 6-1 智慧资本的结构

组织资本（结构资本）	关系资本（客户资本）	创新资本（结构资本）
公司文化建设	市场形象：企业声誉和产品品牌	创新的文化氛围：公司文化对创新的鼓励和支持（组织的使命、目标、愿景等）；公司领导层对创新的支持
组织学习		
组织结构	顾客满意度：满意度、投诉率、流失率、对客户关系的投资力度	创新机制：研究投入占企业销售收入的比例，研发人员的素质和数量，与外部创新实体单位之间的合作，对创新人员的激励，产、研、销人员之间的合作
知识产权管理	企业战略联盟：供应商、营销渠道和业务合作	
管理方法及运作过程	市场基础能力：客户数据库的建立和利用、对客户的服务能力、对客户需求的识别能力	
信息系统：内网建设和知识库的建立使用情况		
财务关系		创新成果：版权、商标、特许权和专利

① 陆瑜萍：《智力资本的概念、构成与披露模型》，《现代经济信息》，2009 年第 13 期。

智慧资本以智力资源开发为研究对象，因此，研究什么是智力资源，智力资源是如何形成的，如何采掘的，又如何创造再生，是现代企业的重要任务。也就是说，智力资源论是智慧资本及智力科技经济学的理论基础，本书研究的对象和原创资本是有根本区别的。

“资源”一般是指产生资产的来源，包括物力资源和智力资源。“物力资源”是指自然形成的蕴藏在客观世界中的原始物体，可以提供物力生产力的来源。

“智力资源”则是人类经过自身脑力劳动及一系列加工后，所形成的具有创造力的可再生资源，是可以提供智力生产力和智慧资本的来源。

两者的共同点是可以形成生产力的来源，而区别点是两种不同性质的生产力的来源。①物力资源是指大自然先天形成的而大多数是不可再生的；而智力资源是由人类自身脑力活动而后天形成的，它本身就是人类智力作用（思维作用、集成作用、创新作用）加工的成果，是人类可以不断创造再生的一种可持续发展的资源。所以，物力资源的开发是对处于原始状态的有形物体的首次开发，而智力资源开发是一种多次智力作用的深度开发。②物力资源是具体有形的“物体”（如矿物、水力、土地等），而智力资源是一个人类脑力劳动综合集成和加工利用的智力化全过程所形成的智力资源集成体，这个过程的成果都用物化“资料”形式储存起来。这个智力资源集成化的基础部分（数据、信息、知识）又可以称为“智力资源”，上层建筑部分（理论、技术、软件等）可称为“智力资产”以相区别。它们都不是具体有形物体，但却蕴藏着可以转化为生产力的巨大无形能量。

四、智慧资本的特点

智慧资本是知识经济的直接产物，是知识在经济发展中重要性不断提高的结果，是企业竞争全球化的根本要求。智慧资本相对于物质资本而言，有着与物质资本既联系又区别的特征。

（一）智慧资本的排他性

一个企业的物质资本，如机器、设备、厂房、原材料等，与另一个企业可能是相同或相近的。也就是说，企业只需要支付成本就可以购买所需要的物质资料。但智慧资本往往是难以从其他企业复制或模仿的。各个企业往往具有不同于其他企业的发展战略、管理哲学、文化制度与价值观，也具有不同于其他企业的经营规范、技术、方法和程序。即使是同一个人在不同的企业中，由于制度环境不同，其主动性与创造性的发挥也是不同的。因此，智慧资本具有排他性特征。

（二）智慧资本的投资性

智慧资本包含的知识和技能不是先天就有的，而是人力资本创造的产物。智慧资本与物质资本一样，是投资的结果。知识和技能的获得离不开投资，因为学习的过程不仅需要消耗一定的物质资源，而且还消耗人的时间、精力。与此同时，学习者本人还得放弃其他获得收入的机会。另外，智慧资本与其他资本形式一样，能够创造新的价值。智慧资本的使用，就是通过智力性活动创新出新的知识成果，也就是说，同物质一样，智慧资本是可以带来剩余的。与物质资本所不同的是，智力性活动所消耗的是人类的脑力，是知识、技能与经验的转化过程。

（三）智慧资本报酬递增性

对于物质资本来说，当企业投入一项新的设备或是使用一种新的原材料，在初期因为劳动生产率高于同行业平均水平，可以获得超额利润。这会刺激其他企业引入同样的设备、原材料进行生产，竞争的结果是形成本行业的平均利润。随着竞争的加剧，企业固定资产的折旧速度越来越快，受益周期也越来越短。而与物质资本不同的是，智慧资本一旦形成，尤其是知识的积累、技能的巩固、基本规律的掌握以及重要经验的汲取，所有者都可以在较长的时间内受益，而且智慧资本的使用不但不会折旧，而且会越来越有价值。由于智慧资本蕴含的创造能力，也可以通过不断地创新无限期地延长受益期限，从而出现报酬递增趋势。

（四）智慧资本的法制性

智慧资本是人力资本创造的产物。智慧资本与人力资本的明显区别在于其受到相关法律的高度保护，如专利法等。智慧资本随着知识经济社会的日益发展，其受到保护的程度日益深化。因而，法制化的程度也日益提高。

（五）智慧资本回报的不确定性

企业智慧资本的增长程度，取决于人力资本存量的拥有者——企业员工的工作态度，而不完全取决于企业所有者或经营者。道德风险或逆向选择行为都可能使智慧资本的回报率低于期望值。企业的组织结构、制度规范、信息与网络系统、市场网络等都会因外界环境的变化而不断变化从而影响到智慧资本的价值存量。同样，知识产权也可能因为新的发明创造变得一文不值。因此，智慧资本效益的发挥往往隐藏着极大的不确定性。

五、对智慧资本价值的认识

在资产负债表上明确地表示出智慧资本的价值是多少？这是一个难题。因此其价值的大小难以准确地加以确定。从理论上讲，企业的整体市场价值高于资产负债表中的有形价值的差额部分，就是企业智慧资本的价值。但是，智慧资本的获利能力是依条件不同而有所不同的。当企业具有良好的制度环境、人际环境和工作环境时，当企业面临较为有利的外部环境时，企业的获利能力就较高，但是，由于智慧资本的风险性，其价值仍然是难以确定的。许多管理者认为，企业智慧资本的价值因为不可度量，从而使得主体管理也越来越困难，并形成新的分配不公；组织分散化需要管理者加强协调和合作，管理的理念与对象也发生了变化，领导的责任重在远景的设计、目标的确定及其对员工行为的影响力，领导不再是依靠权力而是依靠知识和能力赢得员工的信任和支持，因而领导的行为方式也发生了变化；与此同时，随着经济一体化、信息化、虚拟团队、战略联盟的形成，企业的界限逐渐模糊。凡此种种，在智慧资本条件下，都会促进企业管理在理论和实践的结合上不断创新。如将企业建立成虚拟化、网络化的学习组织；建立新的推动知识创新的激励监督机制；建立柔性型的企业发展战略以适应市场化环境和科技环境的变化；突破传统的发展模式而实现跃进式和突发式的增长，在资本积累的同时更加重视知识的积累。

第二节

“道”与智慧资本管理创新

一、智慧资本给管理带来的创新要求

从创新管理理论来看，“智慧资本”的创造与分享是非常重要的，创造和

分享新信息构成了现代企业竞争优势的核心。这促进了企业管理理论的集成创新观的形成，集成创新观认为，集成创新是自主创新的一个重要内容，是一种创造性的融合过程，它把知识、技术、组织、管理各个已有的单项要素有机地组合起来、融会贯通，构成一种新的经营管理方式或新产品，创造出企业新的经济增长点。从创新管理的视角看，企业可以通过多种方法获得保存在员工大脑里的人力资本，并使其成为企业的智慧资本。有些企业寻求有特定人力资本的人，给他们提供有吸引力的工资将他们的专业知识贡献给企业的知识库；有的企业甚至通过并购来获取其他企业的人力资本和智慧资本；还有一些企业租用这种人力资本和智慧资本，即通过许可来获得所需要的知识的使用权；更多的企业鼓励自己的员工通过创新方法和流程来自己创造智力资本。

（一）智慧资本对管理观念的创新

智慧资本在创新上一般表现为以下特征：

1. 智慧资本是以市场为主的经济要素

智慧资本使社会生产的主要方式由传统的标准化大批量的集中方式转变为市场驱动的及时的、精益求精的多品种、小批量的灵活生产方式。

2. 智慧资本是全球化的经济要素

智慧资本带来信息快速发展，而信息高速公路将千百万市场主体连接起来，经济活动超越了地域的限制，经济系统越来越全球化，全球统一的大市场形成。

3. 智慧资本是扩张型经济要素

智慧资本使信息产业快速发展，以信息产业为代表的高技术产业在经济发展中作为“放大器”的效应远远大于一般制造业，随着信息高速公路的建设和高科技的发展以及信息产品本身的不断完善，将持续不断地创造出更大的要求，推动经济的持续发展。

4. 智慧资本是可持续发展型经济要素

智慧资本导致经济发展不是靠体力而是靠智力，应用知识添加创意成为经济活动的核心，智慧资本时代的这些变化要求我们管理观念必须随之变化，否则，没有管理观念的创新，就跟不上智慧资本发展的变化。如不少企业仍存在“击败竞争对手”的陈旧观念，其结果是两败俱伤。与其相互杀价，占领市场，不如携起手来，建立战略联盟共同体，变竞争者为同盟者，实行“多赢”的战略。

（二）智慧资本对管理内容的创新

智慧资本体现为企业市场价值和账面价值之间的差额。但一些学者认为，尽管市场价值和账面价值之间的差额可能反映了企业智慧资本的存在，这个差额的存在也可能说明其他问题。但从战略管理角度出发，研究智慧资本理论的积极作用更多地体现在更新管理观念，建立新的管理框架，充分运用企业智慧资本去创造价值、赢得竞争优势。至于企业智慧资本的价值到底有多大，不需要精确的测度。企业管理涉及对人、财、物、产、供、销以及对科技、信息、时机、企业制度的管理等。总之，尽管智慧资本价值有很强的隐蔽性，但从国内外企业成功经验看，其企业价值颇大。

（三）智慧资本给企业管理带来的创新

智慧资本是创新的产物。智慧资本是建立在知识的生产、分配、传播和使用（消费）之上的无形经济要素。企业以知识为基础的无形资产，是企业的核心竞争力。与产业经济形态相比，最大的不同在于经济的繁荣不是直接取决于资源、资本、硬件技术的数量、规模和增量，而且直接依赖知识和有效信息的积累和应用。如果说 20 世纪 50 年代末智慧资本仅仅是初露端倪的话，经过 40 多年的发展，到 21 世纪将是智慧资本的百花盛开、大放异彩的新时代。随着智慧资本风起云涌，新兴的各种管理方式如电子商务、网上贸易、虚拟企业、公司再造令人目不暇接，必将给现行的企业理论、观念、内容、形式、手段带来一系列深刻的变化，推动 21 世纪的企业管理的不断创新。

1. 智慧资本对管理理论的创新

进入知识经济时代，智慧资本等新的生产要素的出现，对传统管理理论提出了严峻挑战。从企业管理的角度看，企业组织的结构向分散化、虚拟化、智能化发展，以往的管理将难以应对知识经济时代的变化。知识与知识主体的不可分离以及主体人力资本的渗透，对各类管理都将赋予新的内涵，形成新的突变。如在工业社会里，企业强调以生产、营销等各项管理为主要内容，人仅仅被看作庞大机器的一部分、一个零部件，而在信息社会里，人不再被物化，人的作用越来越大，过去强调以人为本的管理思想在知识经济时代将得以充分体现。

人力资本是企业最重要的资源，是技术知识的活载体，同时又是技术知识的“识别体”和“创新体”。因而只有通过对人力资源的有效开发和管理，才能使知识在企业发展中得到充分高效的发挥。与此同时，随着企业管理环境和内容的变化，还要重视：“以顾客为中心”、“以顾客的顾客为中心”的管理，在美国等发达国家，以企业为中心的“CT”战略管理正向以顾客为中心的“CS”战略（CS 即顾客满意）转移。微软公司提出“顾客关系管理”理论，以顾客需求为核心，争取更多的顾客，扩大市场份额，以顾客为中心将成为 21 世纪企业管理的主要课题。

2. 智慧资本对管理方式的创新

管理就是控制，这是传统管理科学的观点。企业管理的主要工作是控制员工的行为，确保圆满地完成公司经理为员工制定的工作任务。但是在知识经济时代，信息和科学网络覆盖企业生产与流通的全过程，生产周期缩短，专业分工金字塔组织逐步转向扁平化团队组织，中层管理者的存在逐渐失去了意义。

每个员工在本质岗位上即可了解全局，关心全局，人们的知识思维更新更具有活跃性，因此，管理者应从“控制”转为“指导与激励”，注重提供服务，确定战略和创造员工必要的工作条件与环境。正如工业社会科学家克尔斯和舒曼在一篇研究报告中指出的，“在信息社会里，人再也不能承担大生产劳动，电脑控制机器将完成一切繁忙的工作，泰勒式的管理已失去了意义……除了自动化和合理化以外，劳动能力的全面控制和更为全面地运用人的能力变得越来越重要”。

当今，在智慧资本和科学技术的有力推动下，各种管理方式方兴未艾，如企业再造、企业战略联盟、虚拟联合体、第五项修炼等，虽然在国外已经广泛应用，我国步入市场经济较晚，这些管理方式在我国管理实践中明显地慢了半拍，但是在 21 世纪将得到广泛应用。而此时智力资本不仅趋向年轻化，更依赖创造性教育和培育创新能力。技术与知识创新成为智慧资本时代智力资本的关键资源。在企业变革中创新的模式、技术与方法已取代普通的、传统的模式与劳动方法，成为创造知识社会财富的巨大源泉。

二、智慧资本的管理创新

目前学界大多是对智力资本的管理问题进行探讨，再借鉴前人的研究，笔者在此提出智慧资本的管理创新问题。智慧资本管理创新是指为有效地达到企业目标，对企业智慧资本和相关活动有组织地进行日常计划、协调、控制的过程。与传统的管理不同，智慧资本的管理创新包括智慧资本识别管理、配置管理、增值管理、运作管理、激励管理五大管理模块。[①]

（一）智慧资本识别管理

企业为了解和掌握智慧资本的相关信息，采取智慧资本记录、分析、评估、审计、报告等措施方法对智慧资本进行识别，以便于进一步对智慧资本进行管理以实现企业目标，这是企业智慧资本识别管理要旨。

我们认为，智慧资本信息不仅会影响投资者的投资决策和投资成本，还会影响社会资源的优化配置，影响智慧资本密集型企业的健康发展。有人力资源会计的公司被认为是绩效更佳的公司，人力资本可由个别员工或员工间互动，发挥无形资产、知识技术，为企业创造更多附加价值。Arhur Anderson 公司于 1998 年进行了一次有关智慧（智力）资本评价的国际性调查，调查结果显示大多数被调查的公司认为，智慧（智力）资本评价报告在将来的重要性会不断提高；知识的评价有助于提高企业的绩效，有一半以上的公司认为它们从评价智慧（智力）资本中学到的与智慧（智力）资本评价指标所包含的信息一样重要；研究者得出结论，智慧（智力）资本评价是企业知识管理的有效工具。

智慧资本评价与披露是公司一个战略性问题，需要定期向董事会报告。人们认为，战略目标与使命强调要先将公司未来所需要发展的智慧资本要素确认和界定出来，知识工作者在网络中扮演重要的角色，组织战略与目标可以通过知识工作者的诠释化为更细部活动。许多学者和相关机构都对智慧资本评价和识别管理进行了深入的研究，提出了具体的评估模型和识别管理方法。Skandia 公司推出“导航仪”的智慧（智力）资本评估模型，将智慧（智力）资本分为财务、客户、业务流程、更新与发展、人力资源五个指标，使得企业智慧资本在哪些方面存在缺陷就一目了然了。Stewart 提出了托宾 Q 值法，该方法将市场价值与有形资产重置价值进行比较，使得智慧（智力）资本价值的评估就不会受到会计政策的影响，有利于企业之间智慧资本价值的比较。

（二）智慧资本配置管理

在当代企业特别是在高科技企业中，根据业务发展需要，从外部获取智慧资本，并与已有的及内部培育产生的企业智慧资本一起，在企业内部、业务单元内部或部门内部进行有效配置和组合，包括考虑物质资本与智慧资本的配置

① 冯勇：《知识经济下企业智力资本管理与绩效关系的实证研究》，复旦大学博士学位论文，2009 年。

数量、质量和比例问题，智慧资本中人力资本、组织资本和关系资本的配置数量、质量和比例问题等，以实现智慧资本的最优配置。故智慧资本配置管理也可以称为智慧资本结构管理。

企业在其控制的资源和能力上不可避免地存在异质性，这是资源市场的不完全性和企业在发展和配置资源的管理决策上的不同造成的。对管理者而言，他们所面临的挑战就是辨别、开发、保护和配置企业的资源和能力以获得竞争优势。那些与竞争对手相比具有独特性和优越性的资源，如果与企业的外部环境机会匹配得当的话，它们将成为企业竞争优势的基础。单个资源及其特异性并不能自然而然地给企业带来竞争优势，只有把企业资源要素组合起来，产生独特的企业活动，才能真正显示企业的竞争力。因此，企业的竞争优势即来自战略资源优势，也来自资源组合效率的优势。

（三）智慧资本增值管理

技术进步是经济增长的主要源泉，长期的经济增长主要依靠技术进步。智慧资本增值管理就是指通过技术创新、知识创造、组织学习等各种方式从组织内部培育和增加智慧资本的数量或质量。Allew 认为技术知识的进展是通过学习的过程获得的，而学习又来自于实践经验。埃德文森指出，人力资本需要通过企业智慧（智力）资本中的“结构资本”的转化才能被利用，企业智慧资本中的“结构资本”能够把员工的专有知识转化为集体拥有的财富。实证研究也表明，知识创造行为对智慧资本的影响路径系数高达 0.8，说明技术企业的知识创造行为越强烈，组织智慧资本积累的水平越高。智慧资本的来源是员工的能力和承诺，只有在两者兼备的情况下，智慧资本才能成长，提高智慧资本，就必须提高对员工的要求，同时提供帮助员工达到高要求的资源。在高技术产业中，若提高研发费用的投入，会给公司经营绩效带来正向影响。若要提升公司绩效，则不可忽视创新资本投入，而高技术产业在广告费方面与企业绩效呈负向显著。

（四）智慧资本运作管理

智慧资本是一种特殊的资本，智慧资本属于特异资源的范畴，具有为企业创造持续竞争优势的潜力。智慧资本运作管理就是指在企业生产经营过程中充分运用智慧资本创造价值、利用智慧资本获取外部各种资源、围绕智慧资本进行扩张并购等管理活动，以获取企业竞争优势和绩效的提高。与其他资本相比，智慧资本具有高价值增值性，即巨大的价值创造潜力，任何物质资本一旦投入生产经营过程便会逐渐磨损，随着价值转移而消耗殆尽。与之相反，智慧资本在生产经营过程中可以不断地挖掘、创新和无限期传递与放大，从而创造出“超额剩余价值”。彼得·德鲁克提出了知识工作者（Knowledge Workers）概念，认为管理者的任务是要使知识工作者本身和他的专长发挥效益。知识员工会有意识和有系统地将知识和经验转化为公司可保存和运作的知识资产，如数据库、作业手册或专利等。知识经济的发展要求企业进行融资管理的创新，把融资的重点由金融资本转向智慧资本，即“融智”比“融资”更重要。微软董事会主席比尔·盖茨表示，微软之所以如此努力地想要收购雅虎，并不是因为其市场份额和产品，而是因为雅虎拥有最优秀的工程师团队。为了巩固竞争优势，企业应设法建立一些资源位置障碍，以提高其他企业取得这些资源的进入壁垒，“资源本身的特性”与“资源取得的渠道”都可能是形成资源位置障碍的因素，而且这些障碍往往是逐渐积累而成的，具有自我成长的特性。

（五）智慧资本激励管理

智慧资本激励管理区别于通过治理方式进行的长期激励，是指为了促进智慧资本为企业创造更大的绩效而采取的非股权、期权等的短期激励方式，包括物质激励和非物质激励。

有关激励问题在企业理论的研究中进行了充分的探讨，主要集中在通过治理方式的长期激励上。不少学者认为治理方式的长期激励不能完全解决激励问题，特别是对人力资本和智慧资本管理时，还需要进行有效的短期激励。周其仁将企业看成是一个人力资本和非人力资本的特别合约，认为其特别之处在于不能事前完全规定各要素所有者的权利和义务条款，留有一部分事前说不清楚的内容在契约执行中由激励机制调节，他指出，企业合约的上述特征是因为合约中包括的“人力资本的产权”特点：“一方面，人力资产天然归属个人；另一方面，人力资本的产权权利一旦受损，其资产可以立刻贬值或荡然无存。”埃德文森强调对智慧（智力）资本的管理应该从促成企业人力资本的创新活动，结构资本与创新结合以及提高企业利用知识产权的能力方面进行管理，并认为通过无形资产的使用可以建立一种关系和互动来激励价值的创造。知识管理是为了增强组织的绩效而创造、获取和使用知识的过程，通过激励机制等手段，发掘企业内部的知识，在企业内实现知识共享并引导知识创新，以此提高企业的竞争力。

第三节
智慧资本激励的主要模式和制度安排

在新经济条件下，从企业资源配置的视角来看，企业如何拥有持续性的核心竞争力，关键是如何对决定企业发展的关键资源要素——智慧资本进行有效的激励，以及以智慧资本为核心要素，对企业价值链进行制度、机制和流程再造。智慧资本价值管理不仅是对智慧资本进行识别、开发和增值，更重要的是在此基础上如何提高这种稀缺资源的配置效率和使用效率，或者说最根本的是对智慧资本要素进行有效的激励，通过激励使企业从以一般资本要素配置为核心，转变为以智慧资本资源配置为核心，并在此基础上提高智慧资本的配置效率。在此借鉴有关学者对智力资本有关问题的分析对智慧资本的激励模式进行论述。①

一、智慧资本的激励模式

（一）企业价值分享模式

企业价值是指企业股票的市场价值的总值。企业价值分享是一种以公司股票价值增值为基础的企业纯收益分配方式。它的特点是公司将股票分配给员工，员工和公司的其他股东一起分享公司市场价值增加（股票上涨）带来的收入和股息，同时也承担股票价格下降带来的风险。它一般适应于公司股票已经上市的企业。20 世纪 70 年代以来，股票期权日益成为价值分享的主要形式，它包括多种多样以公司股票价值增值为基础的企业纯收入分配形式。目前在高新技术企业，股票期权已经成为最基本的分配形式（长期激励计划的一部分），股票期权收入已经成为管理人员最主要的收入来源。尤其是在美国的风险投资支持的公司——高科技企业中，创业者智慧资本中的知识资本已经转化为知识股权。

① 芮明杰、郭玉林：《智力资本激励的制度安排》，《中国工业经济》，2002 年第 9 期。

（二）企业利润分享模式

企业利润分享是指企业所有者和企业员工共同分享企业利润的一种纯收入分配模式。这种纯收入分配模式的特点是，企业员工只参加企业利润的分享，不承担企业的亏损和经营风险。企业根据盈利状况决定是否进行利润分享，确定利润分享的比例和分配方法。实行利润分享制的企业，定期按照一定的比例将企业利润分配给员工。企业利润分享制在20世纪60年代以前仅仅在一部分企业和高级经理阶层试行，70年代以后扩展到普通员工，80年代在美国和法国得到快速发展。

（三）企业所有权分享模式

企业所有权分享是指企业员工通过持有企业一定的份额或者全部的股份，同时以员工身份参加企业一般收入分配和以股东身份参加企业纯收入分配的一种企业收入分配模式。其特点是员工具有员工和所有者的双重身份，企业员工既是企业的员工，也是企业的所有者或者股东，与其他股东一起承担经营风险，分享经营收益。员工持股有三种情况：一是员工资本股权，员工通过购买公司股票获得企业股权；二是员工知识股权，员工通过创造的知识产权转化为企业股权；三是员工人力资本股权，员工通过利润分享、工作奖励等获得企业股权。企业所有权分享制有多种形式，如股份合作制、员工持股计划、员工持股会等。20世纪70年代以来，企业所有权分享制逐步在美国和欧洲流行。到90年代末，美国大约有15000个公司实行广泛的企业所有权分享，其中10000多个公司通过员工持股计划实现，其他是通过广泛授予股票期权等方式实现。同时80年代以来，欧美国家和日本还出现了企业所有权社会化倾向，主要表现为：一是法人股持股比例增加；二是持股人数占全国人口比例提高。

（四）企业管理权分享模式

企业管理权分享是指企业员工参与企业经营管理的一种企业管理模式，实际上是企业所有者与员工分享管理权。它与经理革命是不同的，因为职业经理的管理权来自董事会的授权，即所有权的授权，而不是职业经理与企业所有者共同分享企业管理权。而企业管理权分享制中，员工根据法律或者有关规定参与企业管理，代表全体员工利益，员工的管理权来自法规、习惯或者惯例，而不是企业所有权或者所有权的授权。目前实行这种模式以德国最为典型。

（五）专业人员贡献报酬模式

专业人员贡献报酬是指利用知识解决企业问题的员工的报酬与其贡献大小直接相关。这一分配方式主要在高新技术企业普遍运用。有关调查显示，76%的高新技术企业对关键性员工采取各种形式的奖励。20 世纪 70 年代以来，发达国家企业分配激励模式发生了深刻的变化，产生了新的要素贡献分配理论，企业广泛流行利润分享、市场价值分享、所有权分享和管理权分享等模式。如60%以上的法国上市公司实行利润分享，50%以上的美国上市公司广泛实行员工股票期权，60%~70%的美国国民持有公司股票，85%的德国员工参与企业民主管理。这种新的收入分配激励模式在高新技术企业尤为普遍，其实质就是智慧资本逐步获得了与股东资本相同的分配地位和权利。通过上述不同的要素贡献与分配方式之间方案比较与分析，可以得出以下基本认识：①企业一般利润分配模型常常是适宜或者对应着一般生产要素参与收入的分配方式。②企业纯利润分配模式分配方案的配置方式，在现代社会又常常分别对应着几种模式：一是显性人力资本贡献度量分配；二是隐性人力资本贡献度量分配。③企业纯利润分配模型的最新配置方案，也就是国外从 20 世纪 80 年代开始普遍实行的期权分配方式，如通过股票期权分配方式参与企业纯利润的一般性分配。④发达国家 20 世纪 90 年代末期出现的股份合作制分配模式。它是智慧资本参与企业纯利润分配比例最大的一种新的分配模式，是企业纯利润全部进入智慧资本分配范围的一种彻底的收益分享模式。它一般对应于创造性的高新技术企业，比较适应于风险投资基金。

二、智慧资本分配激励的制度安排

智慧资本分配激励是按要素贡献分配方案的具体化与实现形式。根据按贡献分配方案的基本思路，不同的要素贡献应该配置不同的要素分配方案。在要素贡献与要素分配两者之间存在着一种相互的一一对应的关系。正是通过这种一一对应的分配关系，在智慧资本和智慧资本要素度量的基础上，我们可以通过分配制度上的安排，提供一种要素贡献分配的激励制度安排。芮明杰和郭玉林根据发达国家目前流行的三种主要的贡献分享报酬制度，结合我国企业制度发展特点进行分析，提出股份期权激励和股份有限合伙制两种分配激励方式是智力资本分配的有效分配形式。[①] 在此借鉴对智慧资本的论述。

（一）智慧资本的股份期权激励

目前在学术界探讨最多的股票期权分配方式，无论是在理论上，还是在实践中运用，主要是作为一种经营者激励方式与激励制度进行制度安排，这种期权激励已经起到并发挥了较好的作用，然而是否或者能否对企业智慧资本也具有同样的激励效果，目前还没有得到一致的看法。对于股份期权激励制度，国内外探讨较多，并在许多企业进行了实践。从这一角度而言，它似乎不是一种新的激励制度安排。实际上我们认为，期权激励能否具有效应，主要是看它所适用的条件。在一般企业激励制度安排过程中，之所以对经营者实行股权激励，主要是因为经营者是传统企业稀缺的智力资源或者智慧资本，经营者在一般企业的价值增值过程中具有关键性的地位与作用。同时由于经营者实际上对企业经营具有的内部人控制特点，为了避免增大代理成本，一种最好的激励制度安排是通过对经营者的期权激励制度安排，使经营者目标尽量与委托人的目标保持一致，也需要对经营者进行效用最大化的激励方式——股份期权激励制度安排。而对于一般员工而言它不具备上述的功能与作用，因此对员工的股份期权激励就不能实现激励效用的最大化。

随着知识经济时代的到来，以高新技术知识企业为代表的知识型企业正在逐步成为企业的主要组织形式和经营运转方式，传统的以大规模产业生产为代表的经济范式正在逐步地被以柔性化、个性化生产和大规模定制等知识生产与知识组织形式所替代，在知识企业中，核心知识员工具有与传统企业或者一般企业经营者同样的价值增值功能与作用，在高新技术知识企业中，由于企业的价值主体是知识员工的智慧资本，隐含在知识员工大脑内的隐性人力资本能否或者愿意转化为显性人力资本与组织资本，就成为知识企业能否快速健康发展的一个关键，对知识员工的激励具有与经营者激励同样的功能作用，在一定条件下还有超过经营者的趋势，因此，在这种情况下，传统企业的对经营者股权激励就必须转变为对智慧资本股权激励。根据目前发达国家企业激励制度安排的实践经验，尤其是美国硅谷知识企业激励制度安排的经验，在现行条件下，股份期权激励具有激励效用最大化的功能与倾向，是一种适应于知识员工激励制度安排的有效激励方式。因此，将传统企业的对经营者股权激励转变为对智

---

① 芮明杰、郭玉林：《智力资本激励的制度安排》，《中国工业经济》，2002 年第 9 期。

慧资本股权激励，不仅是知识经济发展的必然要求，也是知识企业自身发展与变化的必然结果。因而，对具有智慧资本产权的知识员工进行分配激励，应该成为目前条件下知识型企业智慧资本激励的一种主要激励方式。在以高新技术企业为主体的知识型企业中，以隐性人力资本为核心内容的智慧资本在企业价值增值中具有关键性的地位与作用，因此如何对知识企业的员工智慧资本进行有效的激励与制度安排，就成为当前一个亟待解决的重要问题。因而我们就有必要在原来的经营者股权激励制度安排的基础上，将股份期权的激励效应扩大到知识员工激励制度安排上，即通过对知识员工的股权激励制度安排，最终实现智慧资本参与剩余收益分配目标。因为在知识型企业中，也同样存在着知识员工与企业、与股东利益的不完全一致性，以及知识员工内部人控制问题，要求通过一定的激励机制安排，使知识员工自发地而非强制地或者说从自身利益最大化出发关心企业利益，而对企业利益的关心就是对股东利益的关心，知识员工、企业与股东三者之间的根本利益应该是一致的。一是知识员工股份期权和股票期权正是适应了上述的要求，它为知识员工智慧资本与知识所有者成为知识企业所有者提供了可能，使知识员工能够站在知识企业发展的角度来看待公司的发展；二是股票的价值是预期股利的贴现值，只有知识企业保持长期的成长，知识员工才能获利，由此将引导知识员工通过一定的激励制度安排愿意将隐性的人力资本价值转化为显性的人力资本价值，通过智慧资本的价值共享实现知识企业的成长与知识员工行为的理性化。

（二）员工持股计划

员工持股计划应该说是股份期权激励分配方式在知识型企业中的一种延伸与继续。在这里需要区别的是一般企业与知识企业在员工持股计划上，具有不同的激励层次和激励范围要求。对于一般企业而言，员工持股计划具有的激励效用远远不及知识型企业，因为知识企业已经在许多方面具有与一般企业不同的特征。如知识企业的组织结构是一种非等级制的团队，知识企业经营者与员工的界限已经模糊，传统的经营者已经被知识主管或者知识召集人所替代，其中最本质的区别是知识企业员工已经替代经营者成为企业价值创造的核心，因此在一般企业与知识企业的激励制度安排上的最大不同是，一般企业主要关注的是对企业经营者的激励，而知识企业最关注的是对知识员工的激励。而从产权激励的角度而言，员工持股激励制度安排无疑是一种当前条件下的最有效的一种主要激励方式。然而目前发达国家知识企业员工激励日益盛行的一个重要原因，并不是完全出于对知识员工激励的考虑，如美国的员工持股制度从根本而言是由税收优惠激励和推动的，往往被视为员工退休计划的一种，用于增加员工退休收入的来源，而在实际中，员工持股计划（ESOP）又被广泛用于各种各样的公司重组活动中，包括代替或辅助对私人公司的购买、资产剥离、挽救濒临倒闭的公司以及反接管防御。因此，还没有真正从知识企业知识员工智慧资本激励制度安排角度充分认识这一问题。我们认为，员工持股计划可以也应该成为高新技术型知识企业智慧资本激励的一种制度安排，因为美国硅谷的成功实践已经说明，它是一种有效的激励知识型技术公司与知识员工智慧资本创造性的制度安排，硅谷的高科技知识型公司普遍实行员工持股计划，员工持股计划不仅包括经营者，还覆盖了所有的知识员工。通过资本市场的功能与作用，使硅谷的高新技术产业得到了快速发展，同时也产生了一批“科技新贵”，以员工的平均收入为例，一般美国员工的年收入为 3 万美元，而硅谷的员工年平均为 8 万美元。目前国内外企业已经逐步认识到员工持股计划通过对剩余索取权分配取得的对人力资本激励与公司治理结构上的作用，一些学者也在期权与业绩之间得到了正相关的结论。然而由于一般员工在企业价值增值过程中并不具有经营者与知识员工的功能与作用，同时也不是一种市场稀缺型资源，滥用员工持股计划的结果可能还会导致新的平均主义与激励泛化的倾向，其结果是导致激励无效或者低效率。因此也正是上述原因导致许多人反对员工持股计划在国内的实施。然而，我们认为应该重新认识员工持股计划的作用。主要理由是因为员工持股计划的作用在国外是得到实践证明的。更为重要的是，员工持股计划对于我国企业制度的改造、公司治理结构的创新有着重大意义。特别是对于那些高风险的高科技知识企业而言，员工持股计划不仅对于吸引、保留人才有着重要作用，而且也成为知识企业快速成长、发展的重要推动力量。由于每个员工可以在公司初创时以低价格买进股票，等到公司股票上市，股票上涨高价格卖出，因此美国一位学者认为，“股票期权使员工得以分享由重大突破所创造的财富，在硅谷比传统的养老金制度更为盛行”。这也是硅谷之所以吸引众多高科技精英人才的真正原因之一，正如一位风险投资家所言：“股票是硅谷的乳汁。给员工股票，这一点至关重要。如果没有一定的公司所有权，系统运转起来就没有那么有效了。”

（三）有限合伙制（身股制）激励方式

有限合伙制激励（身股制）是智慧资本分配激励的一种有效方式。有限合伙制激励在股权结构上的一个特点是，它是一种有限责任与无限责任相互结合的激励制度安排，是一种资合和人合相互结合的体制。有限合伙制在分配激励上的创新体现为，它是一种将有限责任与无限责任运用到知识型企业激励机制分配制度上的一种创新，根据责任、风险与收益相对称的原则，承担无限风险责任的智慧资本参与剩余收益分配。其显著特点是将责任与收益按照一定的承担风险的比例进行剩余分配。其典型实例是风险投资基金激励制度。

有限合伙制股权构造是将人力资本产权承担的无限责任与一般债务人的有限资本责任统一在同一个企业制度中，根据无限责任与有限责任的不同，承担有限责任的资本所有者实际上类似一种投资行为，因此在企业与有限责任人之间存在的是一种债权与债务之间的关系，对债权人而言，体现在分配关系上，主要是参与企业一般收益分配，而承担无限责任的智慧资本与企业之间的关系就不同于上述关系了，由于智慧资本所有人已经将自己的人力资本与该组织组成了一个命运共同体，因此在企业与承担无限责任的人力资本所有者之间存在的是一种类似合伙人的关系，由于承担无限责任，体现在人力资本分配制度上，就是智慧资本所有者参与企业的剩余收益分配，而有限责任投资者仅仅参与企业一般收益分配。通过上述这种分配激励制度安排，可以更好地达到激励隐性人力资本向显性人力资本的转化，极大地促进和推动了智慧资本的创造性。由于上述两种不同的激励制度安排同时存在于一个组织中，它们在同一个组织内部的集合，是一种资合和人合相互结合的体制，因此又称为“身股制”激励。

有限合伙制是适用于高新技术知识型企业智慧资本激励的一种制度安排。由于智慧资本多存在于高新技术等类型的知识型企业中，因此，实行有限合伙制度也是创业企业的一种制度安排。根据国外特别是美国硅谷高新技术公司的成功经验，促进科技成果产业化、市场化运作的有效途径是通过一定的产权激励与分配激励的制度安排和组织设计，使创业企业得到足够规模的风险投资的支持。因此，风险投资基金是一个系列性的制度组合，包括宏观方面的政策、法规体系，以及微观组织方面的制度安排。其中，有限合伙制度在微观层面上发挥着至关重要的作用，它在分配激励上的一个典型作用是对智慧资本参与剩余收益分配具有一定的示范与放大效应。我们知道衡量隐性智慧资本的具体方法主要是通过对智慧资本的努力程度，并且通过一定方法折算成价值量进行评估，“身股制”是一种将智慧资本进行价格化的激励方式。即通过有限责任人参与企业一般收入分配，与无限责任人参与企业剩余收益分配，以及在两次分配之间通过扣除法来确定负无限责任的合伙人参与二次分配即剩余收益分配的具体方式。由于高新技术公司与创业型风险基金的合伙人一般由智慧资本所有者组成，因此，股份合伙制对无限合伙人的智慧资本在分配激励制度上的安排就是参与剩余收益分配，这种激励的核心就是对无限责任人——智慧资本过程努力进行一种激励制度安排，是一种制度资本激励与人力资本激励的统一。它具有人力资本的股份激励与企业治理的股份激励融为一体的特点，同时也具有动态型的过程激励的特点，就是通过无限责任的方式将隐性人力资本锁定在企业，与企业捆绑在一起的激励方式，同时又运用有限责任制度方式集中经营与运作所需要的资金，从而实现两种资源的有效配置。因此，从“身股制”的运作特点看，它是一种类似风险投资或者风险基金的分配激励方式，或者说风险基金分配方式就是它的运用。主要投资于新成立的和处于发展初期的中小企业，实际上也是智慧资本承担较高的人力资本投资风险的一种高回报，追求最高的资金回报率，这种对剩余收益分配的获取就成为智慧资本分配上的一个显著特征。正是通过人力资本风险投资的活动以及人力资本与有限风险的资本的结合，促进了高新技术领域的技术创新和科技成果转化，提高了经济活动的效率。

案例分析：联想集团智慧资本、动态能力对企业绩效的作用①

联想集团成立于1984年，目前已经发展成为国际性高科技企业集团，是全球第三大个人电脑厂商，名列世界《财富》500强。

一、联想集团的智慧资本

（一）联想的结构资本

在与国际接轨的过程中联想认识到结构资本的重要性，联想注意吸取各种经验和教训，在公司发展壮大的同时根据环境变化不断完善企业的结构资本。

1990年被称为联想的“制度建设年”，为了打造高效的“斯巴达克方阵”，联想制定了一系列严格规范的公司制度。通过“孙宏斌事件”，联想将

① 本文摘引自杨蕙馨、徐召红发表于《华东经济管理》2013年第10期《智力资本、动态能力对企业绩效的作用研究——基于联想集团的案例分析》一文，鉴于本书智慧资本与其智力资本的区别，本篇案例剔除了其人力资本部分，只引用与智慧资本有关的结构资本和关系资本部分。

危机管理制度和流程列入公司战略管理体系，并在关键时刻成功解决了柳倪冲突，为联想赢得了广阔的发展空间和美好的未来。2000 年，联想成功实施了 ERP 项目，具体包括财务会计、管理会计、销售与分销、物料管理、生产计划五大模块以及人力资源管理等部分，规范和优化了 77 个业务流程，实现了业务流程的重组，提高了企业的整体运营效率。

(二) 联想的关系资本

在市场竞争与规章制度不健全的转型经济条件下，联想注意营造与各利益相关者共赢的生存环境。联想非常重视与顾客的关系，确立了以客户为导向的文化准则，树立了“价格是硬道理，服务是大道理”的信念；在与供应商的合作上，联想提倡共赢的理念，与供应商建立了战略合作伙伴关系；联想注重发展非正式关系，特别是注意与政府建立良好的联系，从充分发挥郭为的公关才能改授联想汉卡一等奖，到并购 IBM 的 PC 业务后积极加入美国商会以获得办理美国签证的便捷通道服务，联想的发展处处体现着对关系资本的重视和运用。品牌、商誉和企业形象是利益相关者对企业产生信任的基础。品牌是市场经济条件下企业最重要的资源，良好的品牌效应能够为企业成长提供重要的关系资本。从卖旱冰鞋、电子表到卖电冰箱和 IBM 电脑，联想即使在企业发展最困难的时期也没有放弃塑造自有品牌的梦想，并成功打造了神奇的联想汉卡和创造奇迹的联想电脑两大品牌产品。收购 IBM 的 PC 业务的首要目的也是借助 IBM 品牌推广联想产品，将联想 Lenovo 标志推向国际市场，最终提升自己的品牌效应，使联想的市场占有率大大提高。

联想集团自成立以来就非常注重智力资本的积累，并购 IBM 的 PC 业务后联想获得了良好的品牌、技术（包括专利和团队）和国际性管理结构，企业智力资本的各个要素都得到了显著提升，为联想的发展壮大奠定了坚实的基础。

二、联想集团的动态能力

(一) 联想的市场感知能力

柳传志前瞻性地认识到 PC 必将改变人们的工作和生活，1984 年率领 10 名计算机科研人员用 20 万元人民币的启动资金开始了创业。

联想在发展过程中始终坚持以市场为导向、以满足客户需求为目标，觉察到中国老百姓上网比较麻烦，1997 年联想开发了一键上网电脑，使当年的市场份额增加了 9%。后来，联想又根据市场需求设计了一键恢复功能，为服务器产品增加了“防雷击系统”以提高产品性能，在电脑行业竞争日益加剧导致利润逐渐降低的背景下，这些适应市场需求的先进技术为联想提供了高于竞争对手的毛利率，促进了联想集团的发展壮大。

（二）联想的学习吸收能力

联想集团注重培养企业的学习吸收能力，积极学习国际优秀企业的管理经验，并贯穿联想发展的始终。从早年的汉卡技术到20世纪90年代初的主板代工及电脑整机生产，联想主动学习和模仿行业内的领先企业，体现了专业序贯化学习和广泛摄入式学习的有机结合，善于学习使联想成功借鉴了许多成熟的管理经验。在学习过程中，联想并没有照搬其他公司的管理模式，而是加以改进和变通以探索适合中国国情和企业特点的解决方案。联想认真学习戴尔的销售渠道和管理经验，深入分析中国环境并对戴尔销售模式进行改造，提升了联想在中国市场的销售额。联想始终引领中国PC厂商渠道变革的潮流，从早期的直销到后来的分销，并通过复制惠普模式实现超越，随后在与戴尔的渠道之争中涅槃，形成了独具特色的集成分销模式。

（三）联想的变革创新能力

联想不断在关键领域进行技术创新，1997年发明了一键上网功能的计算机，2000年发明了基于安全芯片的可信计算机，2002年推出双模式电脑，大大提高了产品性能和市场占有率。联想通过不断创新始终保持行业的领先地位，从2000年开始建立包括中央研究院及平台和事业部研发机构的两极架构体系，并购IBM的PC事业部后又启动了全球协同创新体系，建立了高效的链接机制和一流的试验环境，大大提高了企业的创新效率。

凭借勇于创新的精神，联想迅速跨越陈旧的营销理念，将先进的体育营销和事业关联营销视为圭臬。作为中国第一家享有国际声誉的电脑厂商，联想运用奥运会和世界杯两大体育营销平台将Lenovo品牌升格为国际名牌，成为中国体育营销的领跑者。

当然，联想追求有限度的创新，1994年明智地放弃了“中国芯”的研发，避免了因为追求过度完善和过度创新而陷入资金链断裂的陷阱。在复杂程度较高、不确定性较大的生存环境中，联想集团塑造了应对环境限制和变化的动态能力，根据环境变化采用不同的途径跨越“能力坎”，通过柔性的战略管理有效地克服了核心刚性陷阱，联想的成长过程也是动态能力逐步提升的过程。

三、联想集团智慧资本与动态能力之间的联系

20世纪90年代初，为了跟上时代发展的需要，柳传志开始培养年轻接班

人以应对日新月异的市场变化，通过完善的培训系统使企业员工能够紧跟时代发展的潮流。因为有了高效的“斯巴达克方阵”、健全的组织结构和良好的关系网络，联想能够及时了解市场环境，根据客户需求和环境变化合理配置企业资源，集中优势兵力研制出 Q286 微机，在研发战略上实施“田忌赛马”，在营销战略上采取“茅台的质，二锅头的价”，最终在 20 世纪 90 年代的阻击战中击败国际巨头，傲立于世界之巅。对于高科技企业来说，企业的动态能力与智力资本同等重要。

结构资本和关系资本的积累极大地提升了联想集团的动态能力，联想每次展示出的超强动态能力都离不开企业智力资本的积累。

第七章 “不争善胜”：社会资本的创新管理

天之道，不争而善胜，不言而善应，不召而自来，坦然而善谋。天网恢恢，疏而不失。

——老子《道德经》第 73 章

上善若水。水善利万物而不争，处众人所恶，故几于道矣。居善地，心善渊，与善仁，言善信，政善治，事善能，动善时。夫惟不争，故无尤。

——老子《道德经》第 8 章

随着市场竞争的日益激烈，可以发现企业之间以及企业内部成员之间运行良好的社会关系网络——“社会资本”，是当代企业发展的最重要的核心竞争力。“社会资本”是一种嵌入于社会关系网络中的关系资源，是个体或组织通过与外界的联系增加资源的总和，其主要特征是网络、规范、信任，这种资源具有虚拟性、生产性、不可转让性和公共物品的特点，是继物质资本、人力资本和智慧资本之后解释经济增长现象的一种新的资本形态。

著名社会资本学者罗纳德·伯特认为，经济中的人们都是置身于一定的竞争场域（Competitive Arena）中的，而在市场竞争中获得成功的标准是获得较大利润。按照公认的“市场生产函数”来看，就是：利润=投入×回报率。物质资本和人力资本是决定投入的因素，而社会资本则与回报率相关，在伯特看来，市场博弈的参与者（Player）都是携带这三种资本进入竞争场域的，社会资本虽然最容易受到忽略，但“社会资本是在竞争中获胜的最后仲裁者”。[①]

老子在《道德经》第 73 章说：“天之道，不争而善胜，不言而善应，不

① 罗纳德·伯特：《结构洞：竞争的社会结构》，格致出版社、上海人民出版社，2008 年。

召而自来，坦然而善谋。天网恢恢，疏而不失。”其意思是，“其上天的法则是：不用争斗却善于取得双赢，不去宣扬自己的观念而人心自愿响应，没有强制的号令而民众却共赴其事，从容坦然而善于筹谋布局。万物之网的覆盖范围无比广大，看似疏若虚无，但实质上是紧密联系在一起的，没有事物从中漏失”。

《道德经》第73章所阐述的哲理与我们当代理论界的“社会资本”概念暗合，一个企业若能按老子的名言去做，将获取巨大的社会资本，并形成可持续的企业核心竞争力。距今2000多年前老子的名言至今仍旧光华灿烂，我们不能不惊叹老子的伟大。

下面我们要介绍一个当代应验了的“社会资本”的理论——奇妙的“六度分离”理论。该理论是对老子名言“天网恢恢，疏而不失”的最好注解，说明了人们之间的覆盖范围无比广大，看似疏若虚无，但实质上是紧密联系在一起的，没有事物从中漏失。

1967年5月，美国哈佛学者社会心理学家米尔格兰姆在《今日心理学》杂志上提出了著名的“六度分离”理论，表示虽然世界很大，但是如果将每个人的人际关系网考虑进去，人与人的距离其实很小。“六度分离”理论认为在人际交往的脉络中，任意两个陌生人都可以通过“亲友的亲友”建立联系，不管对方在哪个国家，属哪类人种，是哪种肤色。只需最多通过6个人就能将彼此毫不相关的两个人以某种方式联系到一起。听起来像天方夜谭，但科学家的确证实了这种称为“六度分离”的奇妙理论。

2001年哥伦比亚大学社会学系的一个研究小组开始在互联网上进行了这个实验。他们建立了一个实验网站，终点是分布在不同国家的18个人（包括纽约的一位作家、澳大利亚的一名警察以及巴黎的一位图书管理员等），志愿者通过这个网站把电子邮件发给最可能实现任务的亲友。结果一共有384个志愿者的邮件抵达了目的地，电子邮件只花了5~7步就传递到了目标。这个活动现在还在继续。

微软公司的研究人员为证实这种理论的可行性而开展实验，随意挑选了2006年的某一月，记录下当月所有通过微软网络发送短信的用户地址，分析了300多亿条地址信息，最终统计得出，多达78%的用户仅通过发送平均6.6条短信，或者说通过6.6步，就可以和一个陌生人建立起联系。按照这种理论，每个人都可以利用关系网与陌生人搭上关系，甚至像麦当娜、英国女皇这样的名人从某种意义上说都是我们的“熟人”。

“六度分离”理论表明，虽然世界很大，但是如果将每个人的人际关系网考虑进去，人与人的距离其实很小。这个星球上的所有人从某种意义上来说，都是可以通过个人的关系网以特殊的方式联系起来。

这不是对老子的“天网恢恢，疏而不失”最好的注解吗？而本章所要阐述的“社会资本”，也就是这么一个“天网”，它无形地存在于人类社会的相互联系中，看似无形，但它是当代企业在竞争中获胜的最后仲裁者。

第一节

社会资本的内涵与特性

20 世纪 90 年代初，企业的竞争力主要体现在缩短产品开发到实际投产的时间，以能快速响应客户的需求。而当代技术和市场瞬息万变，产品生命周期越来越短，研究开发新技术、新产品，需要更多的时间和资金，企业仅凭借自身原有的力量来进行技术开发，已不再能产生竞争优势。许多企业的成功不是建立在它们拥有出众的控制稀缺资源的能力上，而是它们能够通过利用企业内部和外部的社会资本，比其他企业更有效地进行学习，形成自己独特的技术和产品优势。为此企业界和理论界都在寻找一种能够突破企业界限，通过充分利用企业内部和外部社会资本，积累人力资本和智慧资本，并转化为基于企业网络系统的企业核心竞争力。

企业中的物质资本和人力资本是从个体行动者的投资和收益这个维度来看待企业发展的，这里“资本”被视为随机分布在社会中的独立的原子化要素，即“资本被看作是独立于社会结构之外的投资和再生产”。[①]

而社会资本是对存在于“人际之间”、“社会网络”中的另一种隐性资源进行的概括，由于它能带来企业未来的收入流，所以毫无疑问也属资本范畴。社会资本被视为嵌入在人与人之间的互动与联系中的，二个以上的人才可能构成社会资本。

① 詹姆斯·科尔曼：《社会理论的基础》，社会科学文献出版社，1999 年。

一、社会资本的概念与内涵

（一）社会资本概念

芝加哥大学社会学教授詹姆斯·科尔曼认为，最早使用社会资本这一概念的是经济学家格伦·洛瑞，他在 1977 年的著作中使用过这一概念。

法国学者皮埃尔·布迪厄，是第一位对社会资本进行系统分析的学者，他从 1979 年开始在其一系列著述中对社会资本进行了分析和阐发。他认为社会资本是“实际或潜在资源的集合，这些资源与由相互默许或承认的关系所构成的持久网络有关，而且这些关系或多或少是制度化了的”。[①]

林南指出，布迪厄认为资本伪装成三种形式：经济资本、文化资本和社会资本。社会资本“由社会义务或联系组成”，“它是实际的或潜在的资源的集合，这些资源是与对一个相互熟识和认可的、具有制度化关系的持久网络的拥有——换言之，一个群体的成员身份——联系在一起”。群体为其成员提供集体共有的资本，成员可以将这些资本用于信贷。[②] 这种形式的资本可以表示为网络的规模和资本的容量（经济的、文化的或符号的），那些与他人有联系者拥有这些资本。换言之，布迪厄认为，社会资本取决于个人联系的规模和这些联系中所含有的资本的容量或数量。

随后，真正将社会资本理论成功运用到经验研究从而引起广泛关注的当属罗伯特·普特南。在《使民主运转起来》一书中，普特南提出，“社会资本指的是普通公民的民间参与网络，以及体现这种约定中的互惠和信任的规范”。普氏在论及社会资本是民主进步的一种重要的决定性因素时指出，这种社会资本主要是“普通公民之间的民间约定”。[③] 普特南的社会资本概念有两点值得特别关注：首先，他很明确地提出社会资本不是一种“工具性的私人物品”；其次，他虽然认为社会资本嵌入在非正式制度、关系纽带和信任网络中，但他更多强调的是社会资本所蕴含的普遍主义的互惠和信任，也是塑造公共精神和公共生活的基础。

从早期几位学者对于社会资本的研究来看，他们更多的是把社会资本界定

---

① 皮埃尔·布迪厄：《文化资本与社会炼金术——访谈录》，上海人民出版社，1997 年。

② 林南：《社会资本：关于社会结构与行动的理论》，上海人民出版社，2005 年。

③ 罗伯特·普特南：《使民主运转起来》，江西人民出版社，2001 年。

为有益于个体行动的公共产品；同时认为社会资本理论是一种中层理论，能够将社会结构和个体行动连接起来，强调了社会资本的“社会属性”，而不仅仅是一种“私人产品”。早期的社会资本理论也没有屈从于经济学帝国主义的逻辑；相反，它是对经济学解释力不足的一种有益补充。

从那以后特别是 20 世纪 90 年代以来，社会资本概念已广泛应用于经济学、社会学和政治学的研究中，目前已成为国外（特别是美国）这些学科研究的前沿问题和热点问题之一。

（二）社会资本内涵

本书所要研究的是企业层面的社会资本，即企业社会资本。企业社会资本的概念与社会资本的概念没有本质的区别，只不过是进一步界定了研究的主体。总的归纳起来，主要有三种代表性的观点：资源观、能力观和社会规范观。

1. 资源观

资源观的学者把社会资本看作是社会关系网络中的隐性资源，它们通过互动与联系创造价值，使企业中各种资源要素得到增值。如皮埃尔·布迪厄认为，社会资本是一种通过对“体制化关系网络”的占有而获取的实际的或潜在的资源的集合体，它由一个特定群体共享的集体财产为群体的每一个成员提供共有资源的支持。这种“体制化的关系网络”与某个团体的会员制相联系，获得这种会员身份不仅能为个体赢得声望，还能够获得物质的或象征的利益，包括物质利益和权力以及情感支持等。

Nahapiet 和 Ghoshal 认为，社会资本是镶嵌在由个体或者单位拥有的关系网络中的现实或潜在的资源总和。社会资本有助于组织建立自己的智力资本，并间接地影响组织优势。①

林南指出，“社会资本是投资在社会关系中并希望在市场上得到回报的一种资源，是一种镶嵌在社会结构之中并且可以通过有目的的行动来获得或流动的资源”。② 其社会资本概念最为综合，他的界定包含三个方面的内容：一是强调不能离开社会关系或者社会网络谈社会资本；二是强调社会资本是一种可以带来增值的资源；三是认为社会资本不仅是资源，而且是人们为了获得各种

---

① J. Nahapiet, S. Ghoshal. Social Capital, Intellectual Capital and the Organizational Advantage [J]. Academy of Management Review, 1998 (23).

② 林南：《社会资本：关于社会结构与行动的理论》，上海人民出版社，2005 年。

效益的投资活动，在强调社会资本的先天性同时说明了人的行为的能动性。

周小虎将企业家社会资本定义为“建立在企业群体范式上由信任、规范引导下的企业家社会关系网络，是企业家动员内部那些能够被企业所控制的，有利于企业实现其目标和实现目标活动的、嵌入于企业网络结构中显在的和潜在的资源集合”。①

2. 能力观

能力观的学者认为，社会资本是一种获取稀缺资源的能力。

亚历山德罗·波茨将社会资本定义为“个人通过他们的成员身份在网络中或者在更宽泛的社会结构中获取稀缺资源的能力”，② 认为社会资本是嵌入的结果，行动者通过“理性嵌入”或者“结构嵌入”获得成员资格，从而得到获取短缺资源的能力。他提出了消极社会资本的概念，认为社会资本至少有排斥圈外人、对团体成员要求过高、限制个人自由以及用规范消除差异四个消极后果。

边燕杰、丘海雄根据企业在经济领域的多种联系，认为企业社会资本是企业通过与经济领域的各个方面发生的纵向联系、横向联系和社会联系而摄取稀缺资源的能力。他们认为，“社会资本是行动主体与社会的联系以及通过这种联系摄取稀缺资源的能力……能够通过这些联系而摄取稀缺资源是企业的一种能力，这种能力就是企业的社会资本”。③

顾新等指出，社会资本是指两个以上的个体或组织，通过相互联系与相互作用过程中所形成的社会关系网络来获取资源的能力，他们进一步强调社会资本是指获取资源的能力，资源本身不是社会资本。④ 社会资本能力观强调了人们在社会关系网络中能动性的重要作用，但没有指明如何去培养和锻炼这种能力。

罗纳德·伯特最早把社会资本由个人层次延伸至企业层次，并提出了著名的“结构洞”（Structure Hole）理论，强调了企业家在开发关系稠密地带之间结构洞的重要性。他指出，社会资本是“朋友、同事和更普遍的联系，通过

① 周小虎：《企业家社会资本及其对企业绩效的作用》，《安徽师范大学学报》（人文社会科学版），2002 年第 1 期。

② P. Alejandro. Social Capital：Its Origins and Applications in Modern Sociology［J］. Annual Review of Sociology，1998（24）.

③ 边燕杰、丘海雄：《企业的社会资本及其功效》，《中国社会科学》，2000 年第 2 期。

④ 顾新等：《社会资本及其在知识链中的作用》，《科研管理》，2003 年第 2 期。

他们，你得到了使用资本的机会”。[①]

3. 社会规范观

社会规范观主要是从规则、信任、制度等几个方面来论述社会资本。科尔曼在《美国社会学杂志》发表《社会资本在人力资本创造中的作用》一文，把社会资本定义为“个人拥有的、表现为社会结构资源的资本财产。社会资本由社会结构性要素组成，主要存在于人际关系和结构中，并为结构内部的个人行动提供便利”。[②] 尽管科尔曼认为社会资本往往是各种行动的“副产品”，但他更强调社会资本赖以产生的社会基础即规范和有效惩罚、权威关系以及各种社会组织。

Coleman 将社会资本定义为“许多具有两个共同之处的主体：它们都由社会结构的某些方面组成，而且它们都有利于行为者的特定行为——不论它们是结构中的个人还是法人”。[③] 他在这个定义中强调了社会资本的结构性质以及公共产品的性质，但是他用社会资本的功能为社会资本下定义，在逻辑上混淆了原因和后果。

Putnam 把社会资本解释为“能够通过推动协调的行动来提高社会效率的信任、规范以及网络”。[④] 他的这种对集体行为以及长期选择、对经济发展所需依赖的结构和制度安排的诠释，迅速得到大批学者的赞同，其论述引起了研究者们对社会资本与公民社会、民主政治的关系等问题的广泛讨论。

世界银行对社会资本的定义是：“社会资本通常指的是决定一个社会各种社会交互作用性质与数量大小的种种制度、关系和规范。”世界银行认为，无论是从概念层次还是从组成要素来理解社会资本，社会资本理论考察的核心内容都是人们之间合作行为的实现。

李惠斌、杨雪冬认为，“社会资本，是指与物质资本、人力资本相区别的以规范、信任和网络化为核心的从数量和质量上影响社会中相互交往的组织机构、相互关系和信念，是社会机构、社会成员互动作用的具有生产性的社会网

---

① 罗纳德·伯特：《结构洞：竞争的社会结构》，格致出版社、上海人民出版社，2008 年。

② 帕萨·达斯古普特、伊斯梅尔·撒拉格尔丁：《社会资本——一个多角度的观点》，张慧东等译，中国人民大学出版社，2005 年。

③ J. S. Coleman. Social Capital in the Creation of Human Capital [J]. American Journal of Sociology, 1988 (94).

④ R. D. Putnam. Making Democracy Work: Civic Traditions in Modern Italy [M]. Princeton: Princeton University Press, 1993.

络”。[①] 这是在国内得到普遍认同的一个概念，反映了社会资本形成发展的路径依赖特性。

由以上的研究成果可以看出，学者们对于社会资本的确切定义仍在争论不休，不同的学者从各个不同的侧面对社会资本概念进行了界定，但其中最为核心的内容是什么呢？在笔者看来，“社会资本”实际上是由人力资本与部分智慧资本所构成的（见图 4-1 企业“资本三要素”模型），这种“社会资本”划分有助于充分开发、共享和利用某一群体中所有人内在的创造潜质。在综合科尔曼等学者观点的基础上，埃莉诺·奥斯特罗姆提出的“社会资本是共享的知识、理解、标准、规则以及对有关个人群体进行周期活动的互动模式的期望”的定义，最能反映社会资本的虚拟性质。而本书所提出的企业“资本三要素”模型对这个概念作了最直观的界定。[②]

在知识经济中，企业的“社会资本”是获取长期竞争优势的基础，但获取这种优势是不容易的。本质上说，高度发展的“社会资本”具备自我维持和互相促进的特点，这种关系需要长时间地培养，因此不会像技术、软件或其他孤立环节和方法那样容易被别的企业抄袭。另外，“使社会资本难以模仿的原因是无法通过增加金钱激励来控制或影响社会资本。真正的亲密关系只存在于高度信任和利他主义的社会环境中。不幸的是，这些特点在多数组织中并不存在，取而代之的是当今盛行的竞争的定位和管理下属的权力”。[③]

二、社会资本的特性

社会资本是当代经济学家们提出人力资本、智慧资本后被纳入经济学与管理学研究的第三种无形资本的形态，它是一个包含为共同利益而促进集体行动的社会网络和规范的广义术语，它具有一般资本的共性，也有自己独特的特性。[④]

（一）社会资本的资本共性

社会资本既然是资本的表现形式之一，它便和其他资本一样，具有资本的

---

① 李惠斌、杨雪冬：《社会资本与社会发展》，社会科学文献出版社，2000 年。

② 帕萨·达斯古普特、伊斯梅尔·撒拉格尔丁：《社会资本——一个多角度的观点》，张慧东等译，中国人民大学出版社，2005 年。

③ 埃恩：《开发智力资本：企业内部智力资本的奥秘》，郭延航译，机械工业出版社，2003 年。

④ 郭贵林：《社会资本、知识过程与部门效能关系实证研究》，浙江大学博士学位论文，2008 年。

共性，简单来说有以下几点：

1. 投资性

就像物质资本是通过金融资本的投资而形成的，人力资本是由教育培训和经验积累形成的那样，社会资本要保持其一定的生产性，也需要投资加以维持。社会资本不仅是网络关系的存在，还要积极地投入和使用这些关系才能获得收益。社会资本是在个人或者组织之间的长期交往过程中形成的，通过长期的交互作用和学习过程来积累，而较难通过外部干预建立，投资的见效周期往往比其他资本更长。

2. 价值增值性

社会资本和其他资本一样，是一种实际的或潜在的资源的集合，作为生产要素之一将其置于生产函数中能够通过生产过程而带来大于自身价值的价值。

3. 规模效应性

资本的集聚和集中能够带来规模效应。社会资本也是如此，规模大的社会资本网络相对于规模小而封闭的社会资本网络更能促进个人或组织收益的增加。

4. 积累性

资本是通过积累而逐步扩张和壮大以获得规模效应。同样社会资本通过社会结构中人际关系互动、彼此信任和规范等多种方式而得到扩张。

5. 生产性

资本的生产性在于，它可以直接作为生产要素的一部分投入生产领域，从而实现资本增值。同样，社会资本也可以作为一种生产要素进入生产活动之中，在实现社会资本自身网络扩张的同时，也产生了经济收益。因而与其他形式的资本一样，社会资本也是生产性的，是否拥有社会资本，决定了行为者是否可能实现某些既定目标。

6. 不同形式资本可以互相转换

社会资本虽然是非物质形式的资本，却可以转换成经济资本或物质形式的资本。当各方都以一种信任、规范和合作的精神把自己的技能和财力结合起来，就能得到更多的经济和物质回报。

7. 不同形式资本可以相互补充或替代

与其他资本一样，社会资本可以作为其他资源的补充或替代。如当一个人缺乏物质资本或人力资本时，他可以用良好的社会关系来替代。更普遍的是，社会资本可以作为其他资本的补充。如通过减少交易费用来改善经济资本的运行效率。

（二）社会资本的特性

社会资本与其他形式的资本之间有很多共性，但除了具有资本的一般属性外，也具有与其他资本不同的特性。具体来看，社会资本的特性主要有：

1. 无形性和虚拟性

资本既可以是有形的，也可以是无形的。社会资本不同于厂房、机器设备等有形的物质资本，它无形地存续于社会网络中，与不同主体相连接，能感觉得到却又看不见摸不着。社会资本也具有虚拟性，它的资本化定价，会使其公允价值通过社会网络渠道产生“蝴蝶效应”，获得巨大效益，但若遇网络风险也可能会一落千丈。社会资本的贬值率与物质资本不同，是无法预期的，一旦破坏造成的后果非常严重，如公司的主要业务人员流失就会造成公司原有的社会关系网络的破坏，导致社会资本迅速失去价值。社会资本不具有实物形态，随着时间的推移形成很难用精确的语言来表达其内涵价值，它没有明确的物质结构形态，无形性和虚拟性是其基本特征之一。

2. 依附性和路径依赖性

社会资本是产生并存在于两个或者两个以上行为主体之间的网络化连接的资源，是一种嵌入的结果。与物质资本存在于组织和人力资本存储于劳动者中不同，社会资本不为行为者直接占有，不能独立于个人或组织等实体而存在，它由关系网络中的人力资本与智慧资本所构成，存在于行为主体之间的关系网络中，表现出强烈的依附性。社会资本一旦形成往往不容易改变，并呈现出路径依赖性，有具体使用范围，通过网络之间的相互联系而产生效益，并影响社会资本拥有者的社会行为。

3. 不可让渡性和独特性

社会资本总是与具体的个人或组织结合在一起，个人或组织只有进入某一个网络才能拥有社会资本。个人或组织的地位和具体的社会交往状况决定了所拥有的社会资本的种类及数量，它对主体具有依附性，不像物质资本如厂房、设备那样是可以转让的，社会资本是不能交易、不可让渡的。因此，由此形成的竞争优势是独特的和持久的。

4. 公共性和排他性

社会资本具有公共物品的特性，它是不可转让的，通过约定俗成的“规范”为其群体内成员所共同拥有和支配使用。社会资本一旦形成就不仅只有一个行为主体可以使用它，这与社会资本的性质有关，社会资本存在于社会关系网络与相互联系的个体之间，即社会资本嵌入在行为主体之间形成的关系结构中，由关系中的所有成员共同拥有，没有任何节点能够有绝对的、排他的权力。群体中的每一个成员都可以从对其群体的社会资本的享有和使用中获益，但是对这一群体社会网络的外部来说，则具有一定的排他性，即社会资本具有部分公共物品属性，是一种准公共物品。

5. 特殊增值性与易破坏性

社会资本不会因为使用而损耗，但会由于不使用而枯竭。企业社会资本反映了企业与其他企业已经建立起来的关系以及由此提供的信息和地位等方面的便利。企业社会资本不仅能够创造价值，而且会随着时间的推移得到累积，在网络成员的交流和互动中得到发展。不像其他类型资本，社会资本的存量和产生的效益并不会由于不断地被使用而减少或枯竭，却会越用越多，为最初目的而建立和使用的社会资本能增加相互间的理解，也可以增加参与者为其他目的而建立的相互联系方式，使社会资本随着其使用不断增加。因此，随着时间的推移，社会资本会不断增值而不会贬值。值得注意的是，许多研究指出，社会资本如同其他资本一样，一方面会得到积累和扩散，另一方面也会受到折损和毁坏。社会资本的形成比较困难，又非常脆弱，具有易破坏性，一旦不使用它或因为其他变动，很快就会减少以致枯竭。

6. 非累加性

社会资本和普通的其他形态的资本一样具有增值性，可以为拥有者带来“利益”和“妥善处理事情”。但它也表现出非累加性的特点，也就是说整体的社会资本与局部社会资本之和存在着不确定性，社会资本不容易观察和测量，局部社会资本之和可能等于、可能大于也可能小于整体社会资本。

7. 收益扩散性

社会资本为社会结构内部的行为主体提供了便利，有助于行动主体特定目标的实现。其作用的发挥不仅体现在生产价值上，而且也体现在对共同网络的维持和促进上。社会资本的有效使用，可使社会资本关系网络中的各个节点共同受益，实现互利。因此较之其他形式的资本，社会资本更具有社会性，收益具有更大的扩散性。

8. 权变性

组织社会资本是权变的，也就是说并不是所有关系资源始终会作为组织的社会资本存在，只有在一定条件下那些能够有利于组织目标实现的，而不是约束和限制组织目标实现的网络资源才能称为组织的社会资本。组织目标的变化、外在环境的变化都有可能使得关系资源的社会资本性质发生改变。

第二节

社会资本的形成与分类

一、关于企业社会资本的形成

老子在《道德经》第 73 章说，“天网恢恢，疏而不失”，其意思是：万物之网的覆盖范围无比广大，看似疏若虚无，但实质上是紧密联系在一起的，没有事物从中漏失。社会资本首先被视为人类社会网络的一种“联系方式”。社会网络是指：“特定的个人之间的一组独特的联系。”社会资本关注的则是特定的自我和他的至交之间的双重关系。社会资本将网络中创新主体间的联系解释为一种资源依赖关系。企业与网络中其他成员通过各种特征的关系进行链接，不同形式的资源则通过这些链接在网络中流动，推动了社会资本和创新网络的形成。Lenders 和 Gabbay 认为网络资源贡献了组织大部分的绩效，并通过实证研究确认了企业与其他组织（包括风险投资公司、研究机构、创业协会等组织）的联系有助于企业成长。[①] 从联系强度出发，网络中表现出强联系和弱联系。

强联系：结点之间的关系是重复性、相对固定、持续性的，强联系能够帮助网络成员应对市场环境中各种不确定性的冲击，由强联系获取的资源是很有价值的，因为经验型知识转移一般只发生在高度信任的企业之间，有利于企业技术的利用式创新。

弱联系：结点之间的关系是非重复性、非固定、非持续性的，弱联系的主体之间存在着较大差异，有助于企业技术的探索式创新。[②] 由此，社会网络的联系方法为网络中的个体提供了获取资源的两种途径。

企业社会资本是如何形成的？由于其影响要素比较复杂，而且这些因素往往有着相互作用的因果关系，因而各种观点众说纷纭。有学者提出跨结构洞的

① R. A. J. Lenders，S. M. Gabbay. Social Capital of Organizations [M]. Amsterdam：JAI Press，2001.

② 蔡宁、潘松挺：《网络关系强度与企业技术创新模式的耦合性及其协同演化》，《中国工业经济》，2008 年第 4 期。

网络是企业社会资本的来源，也有学者认为网络闭合是企业社会资本的来源。这里主要介绍罗纳德·伯特的“结构洞”观点。

（一）结构洞理论

罗纳德·伯特在 1992 年出版了《结构洞：竞争的社会结构》，作为一本经济社会学著作，该书处理的问题仍然是如何在市场中获得竞争的优势。伯特以“市场生产函数”为起点，顺着个体中心网络的路子，将影响回报率的“机会”问题和参与博弈的行动者的社会网络联系起来，分析了能够带来信息收益和控制收益的有效网络的构造形式，提出了“结构洞”理论，发展了组织分析的网络结构视角的最为完善的基础。“结构洞”理论一经提出，在经济社会学界、组织研究领域、管理学里产生了强烈影响，也使得“结构洞”这个术语一时间成为人们的时髦用语，经济学家与社会学家对此不断进行探讨。①

伯特认为，社会资本的形成是和社会网络中的“结构洞”脱离不了关系的。

社会网络本是指：“特定的个人之间的一组独特的联系。”社会网络的概念现在已经超越了个人间关系的范畴，社会网络的行动者既可以是个人也可以是法人。

而所谓结构洞是指“社会网络中的某个或某些个体和有些个体发生直接联系，但与其他个体不发生直接联系、无直接或关系间断的现象，从网络整体看好像是网络结构中出现了洞穴”。因此，结构洞是非重复的联系间的“断开”，是一种非冗余性关系。

罗纳德·伯特认为，社会网络可以带来信息和控制两方面的收益：①信息收益（Informational Benefits）包含：摄取（Access），指能够获得有价值的信息，并且知道有谁可以使用它；时效性（Timing），指可以及早地获得有用的信息；举荐（Referrals），指在适当的时间和地点，如在征聘中，由于被人推荐而获得机会。②控制收益（Control Benefits）指齐美尔关于第三者得利的观念（Tertius Gaudens），即第三方居间协调时由于所处位置的特殊性所具有的优势。但是，并非任何社会网络都能产生上述效应，只有具备一定特征的网络才可以为市场参与者带来竞争优势——网络结构中必须有结构洞的存在。

① 罗纳德·伯特：《结构洞：竞争的社会结构》，格致出版社、上海人民出版社，2008 年。

有两个标准可以判断一个社会网络中结构洞是否存在：凝聚标准（Cohesion Criterion）和结构对等（Structural Equivalence）标准。符合这两个标准中的任意一个，则可表明结构洞不存在。

在标准的凝聚模型中，由于每个成员之间都存在着强关系，因此，对于第三方来说，其中任何两个关系人之间都存在着冗余性的关系。而在结构对等模型中，按照定义，两个人由于联系着一组相同的人而在结构地位上是对等的，无论他们之间是否有直接联系，从信息流程看，他们通向同样的信息来源，因此，这两个关系人也是冗余性的。

一个优化的有结构洞的网络形态应该从效率（Efficiency）来看，每一个初级联系人平均接触的人数较多；从效能（Effectiveness）的角度来看，所有初级联系人接触的总人数最多，即整个网络具有较大规模，并且关系是多样性的。当某参与者自己的一端关系中没有结构洞，而他人却被结构洞所包围时，他就可以利用别人网络结构中的结构洞谋取信息和控制收益。参与者的此种状态被伯特称为“结构自主性”（Structural Autonomy）。[①]

（二）社会资本在结构洞中的形成

1. 信息获取优势驱动下社会资本的生成

结构洞的位置优势使得结构洞的占据者能够获取来自多方面的非重复性信息。在连通度较低的网络中，部分节点可以凭借结构洞的位置优势获取来自交往成员的信息，而这些交往成员间却由于结构洞的存在导致信息传递不充分甚至中断。这种信息优势为居于结构洞位置的节点活动提供了便利，能够先于其他成员行动，获得更多的竞争优势。因此，处于位置劣势的成员之间产生交往的意愿，其交往可以直接进行也可以重新寻找第三方间接联系。网络内部新联系的产生以及网络外部新成员的加入促进了网络分支结构的涌现。

2. 信息控制优势驱动下社会资本的生成

结构洞的占据者通过有选择地影响信息流动的内容和方向来实现结构洞的控制优势。控制优势为部分企业带来丰富资源的同时也提高了自身的议价能力（自益性结构洞），其他节点则为摆脱这种压力相互进行联系。另外，如果位于结构洞两端成员间的信息流动能为该企业带来利益（共益性结构洞），该企业将行使“信息桥”的职能。如供应商之间的技术合作如果能够提高产品品质

---

① 罗纳德·伯特：《结构洞：竞争的社会结构》，格致出版社、上海人民出版社，2008 年。

量，企业也会乐于成为其沟通的中介，从而丰富现有的网络结构。

运用节点成员间的强弱联系能够更加清晰地解释结构洞的作用。假定 A 占据结构洞位置（自益性结构洞），对 B、C 形成控制优势。为摆脱 A 的控制优势，B、C 需要借助 D 建立信息和资源交流关系，从而在一定程度上削弱了 A 的控制优势（一定条件下，B、C 也可在 A 的撮合下建立联系，此时表现为共益性结构洞）。这种弱联系经过加强和巩固，条件成熟时可以发展成为强联系，从而使双边强联系建立起来。

这样，社会资本在新节点的加入以及强弱联系的交替出现中得以生成。企业社会资本结构上的生成表现为结构洞的驱动作用，网络中存在的结构洞解释了网络中信息或资源流动空缺的存在，同样预示着企业家通过开发存在这些不同组织间的结构洞，不断地为企业成长提供资源。在结构洞的开发过程中，通过与外部创新主体的交流，加快了产品开发过程，缩短了产品开发的周期，特定关系的巩固减少了产品缺陷的数量。相关研究表明，企业间频繁和亲密的社会互动能够促使双方加深了解，分享重要的信息、建立共同愿景以及相互支持。因此，在社会互动网络中占据核心位置的企业更容易获得其他企业的信任，能够提供稳定的心理预期，促使交易各方对如何解决该事件以及交易的可能性达成共同的理解，成为促使企业社会资本形成的一种重要的管理机制。企业间的双边专用性投资将导致双方的相互依赖程度增强，将彼此锁定于合作关系中，从而提高转换成本，促进信任的产生和维持，进而有利于企业社会资本的生成和积累。

二、关于企业社会资本的分类

（一）国外观点

关于企业社会资本分类和构成，国外最早是将社会资本分为个体和群体两个层次进行研究的，后来，Mark Granovetter 打破了这种分为个体和群体两个层次的研究方法，他于 1985 年发表的《经济行为和社会结构：嵌入性问题》一文提出了社会资本的嵌入性理论。他提出：“组织的经济行为受到其所嵌入的社会关系的制约，将二者脱离开来孤立地进行研究是极大的误解。”在后来的研究中，他进一步将嵌入性分为关系性嵌入（Relational Embeddedness）和结构性嵌入（Structural Embeddedness）两种类型。其中，关系性嵌入是指个体行动者的经济行动是嵌入他与他人互动所形成的关系网络中，其个人关系网络中的因素会对其经济决策和行动产生重要影响。结构性嵌入是指行动者所处的网络又是与其他社会网络相联系，并构成了整个社会的网络结构。他的理论已被众多学者加以引用。①

其后，Nahapiet 和 Ghoshal 将企业社会资本划分为结构性社会资本、关系性社会资本和认知性社会资本三个维度：② ①结构性社会资本是指行动主体之间的联结方式，网络连带、网络配置形式（密度、连通性、层次等）和专门组织等是该维度的构成要素；②关系性社会资本是指通过关系创造和利用的资产，信任、规范和认可、义务和期望以及识别等是该维度的构成要素；③认知性社会资本则是表征不同主体之间可通过通用语言、符号和文化习惯所获取的资源，共同理解、解释和意义系统等是该维度的构成要素。

研究发现，企业社会资本的三个维度（结构维度、关系维度和认知维度）对于企业的组织学习和技术创新绩效具有不同程度的影响，利用式学习和探索式学习对企业技术创新绩效有不同程度的影响，而且它们相互作用会影响技术创新绩效。

1. 企业社会资本的结构维度（包括权力、联系的稳定性、产业内管理者纽带和产业间管理者纽带）对于利用式学习和探索式学习具有不同的影响

产业间管理者纽带使得企业从产业外获得了与自己从事的领域根本不同的信息和考虑问题的视角，管理者从产业外部获得的多种多样的信息可能会干扰企业巩固和加强自己的主导产业，从而阻碍利用式学习，但是会促进探索式学习。

2. 企业社会资本的关系维度（包括信任、义务和期望）对于利用式学习和探索式学习具有不同的影响

信任促进了利用式学习，同时也促进了探索式学习。至于义务和期望，企业成员在未来从事某项活动的承诺或责任可以促进企业的利用式学习，但是并不能明显地促进探索式学习。

3. 企业社会资本的认知维度（包括一致性和共同愿景）对组织学习具有积极的或中性的关系

一致性通过促进资源交换和重组提高了企业的利用式学习，但一致性不足

---

① M. S. Granovetter. Economic Action and Social Structure：The Problem of Embeddedness［J］. American Journal of Sociology，1985，91（3）.

② J. Nahapiet，S. Ghoshal. Social Capital，Intellectual Capital and the Creation of Value in Firms［J］. Academy of Management Best Paper Proceedings，1997（28）.

以影响企业的探索式学习。共同愿景促进了企业的探索式学习。由于存在共同愿景，就可以减少企业内其他成员行为的不确定性，从而可以促使企业能够有更多的机会在新领域进行建设性的探索。

企业通过不同形式社会资本所获取的特定类型的知识只有采用与之相匹配的学习方式，才能有效地将其转化为企业的核心能力，提升经营绩效，实现企业转型升级与可持续发展。

而 Adler 和 Kwon 则采取了一种两分的分类方法，将微观层次和中观层次的企业社会资本合称为"外部企业社会资本"，因为它产生于某一企业个体的外在社会关系，其功能在于帮助行动者获得外部资源；而宏观层次的企业社会资本则被称为"内部企业社会资本"，因为它形成于行动者（群体）内部的关系，其功能在于提升群体的集体行动水平。①

（二）国内观点

在我国，边燕杰、丘海雄认为，企业在经济领域的联系种类繁多，从社会资本理论的角度，他们将这种联系概括为三类，即企业的纵向联系；企业的横向联系；企业的社会联系。②

就中国的情况而言，企业的纵向联系是指企业与上级领导机关、当地政府部门以及下属企业、部门的联系。这种纵向联系的取向主要是向上的，目的是从"上边"获得和摄取稀缺资源。纵向联系并不是社会主义计划经济的独有属性；在资本主义市场经济里，企业与政府也存在纵向联系，只不过较为松散和间接。

在我国转型经济中，国有企业和城市集体企业仍然隶属于某级政府部门，虽然政府部门对所属企业的控制能力逐渐削弱，但正式和非正式的影响力尚在。转型经济时期新产生的企业，有的挂靠在某级政府部门之下，有的与国有、集体企业合资合作而受政府纵式结构的影响，还有的直接为一级政府管辖（如部分乡镇企业）。所以，企业的纵向联系是客观存在的，是一种社会资本。

企业的横向联系指企业与其他企业的联系。这种联系的性质是多样的，如可以是业务关系、协作关系、借贷关系、控股关系等。在计划经济时期就存在着企业的横向联系，其作用不仅是沟通信息，而且是解决资源短缺和突发事件

---

① P. S. Adler, S. W. Kwon. Social Capital: Prospects for a New Concept [J]. Academy of Management Review, 2002, 27 (1).

② 边燕杰、丘海雄：《企业的社会资本及其功效》，《中国社会科学》，2000 年第 2 期。

的最后保证。在转型经济时期，作为独立的财政核算单位，企业的横向联系大大发展起来。横向联系多而广，企业的有效信息就多，可选择性就大，因而可以有先人之举，得到发展；横向联系少而窄，企业就闭塞、机遇就少，只能在有限空间求生存。从这个意义上判定，企业的横向联系是一种社会资本。

企业虽然是在经济领域内运行的，但企业及其经营者则生存在广阔的社会空间中。企业经营者的社会交往和联系虽不是企业的属性，却是企业必要的财富。这是因为企业经营者非经济的社会交往和联系，往往是企业与外界沟通信息的桥梁和与其他企业建立信任的通道，是摄取稀缺资源和争取经营项目的非正式机制。就像一些企业家所说的，企业经营者不但要头脑灵、点子多，而且要路子广、朋友多。因此，企业及其经营者的社会联系也是企业的社会资本。

有的国内学者将社会资本具体分为四个方面：

1. 与供应商之间的社会资本——共同参与开发

美国麻省理工大学斯隆管理学院的教授希普尔在《技术创新的源泉》一书中提出“供应商是一种创新的职能源”的思想，认为供应商是创新的重要源泉之一。有关研究证实，与供应商建立反复的、持久的联系能够有效地提高技术创新的速度，并且有助于建立更富弹性的产品开发流程。如果供应商在产品开发的早期就介入新产品的开发过程，通过它们之间反复的信息交流可以加快新产品的开发。

通过分析日本和美国的买方——供应商关系研究的大量文献发现，以前的研究大都集中在零部件购买和交付到工厂的传统商业关系，如研究准时制造的条件。但是现在越来越多的证据表明供应商网络的最重要贡献是在新产品开发阶段和技术创新上。供应商网络中的工程能力让制造商从供应商的技术诀窍中获益，从而减少开发时间。供应商参与同产品改进和制造商的制造能力正相关，并且会降低制造商的制造成本。

2. 与客户之间的社会资本——市场与技术的融合

用户是新思想的重要源泉，持续的渐进创新经常是通过顾客与供应商之间的相互作用而产生的。维持与发展最有价值顾客的良好关系的能力，是企业长久维持竞争优势的基础。企业应该同那些有创造力的用户保持联系，因为他们是用户的代表，他们所提出的高质量、高可靠性的要求，正是对产品的创新。从客户那里获取知识从三个方面促进了新产品开发：通过提高公司特定关系中知识的广度和深度增强了实现新的创新组合的潜力；通过减少开发周期提高了产品开发的速度；增加公司为其客户开发新产品的意愿。

3. 与竞争对手之间的社会资本——在竞争中合作

企业可以从客户处获取市场需求信息，也可以从竞争对手那里获取市场需求和技术发展方面的信息。陈劲等认为，存在横向关系的企业对基础技术有相似的需求，但在最终产品市场上可能会形成竞争关系。这些企业之间形成某种形式的社会关系，容易将各自拥有的互补资源（包括资本、人力、知识等）结合在一起，加速技术、信息和知识的转移和扩散，也有利于降低技术创新的风险和成本，更加快速、有效地利用新信息、新知识和新技术，从而大大缩短产品进入市场的时间。与竞争对手之间的关系通常是通过横向的技术合作或结成战略联盟的形式。横向技术合作可以帮助企业加强技术的多样化。[①]

4. “官产学研”结合的社会资本——与政府、大学和科研机构之间的社会资本

与政府联结的社会资本，使创新实体从政府那里不仅获得信息、资源，更重要的是政府通过一系列政策有力地影响了创新实体的技术创新业绩。政府的政策工具主要有两类：一是研究与开发活动，直接提供政府资金从而施加对技术创新的影响；二是采用间接的方式，如税收、经济政策、标准、采购等，这些间接性的政策工具可以用来刺激创新实体向研究与开发领域内投资，以及强化其摄取和利用研究成果的能力。与政府建立有效的社会关系资本有助于创新实体获得有利的创新环境。

产、学、研中的社会资本指的是以企业为核心，包括企业与科研院所、高等院校等机构的一系列联系。科研院所和高等院校作为具有强时效性的高技术信息集散中心，能为企业提供大量具有发展潜力的“技术种子”，因此企业与其之间的联系为企业提供了获取技术和信息资源的渠道。由于高质量的信息和缄默知识与强联系相关联，而企业在产、学、研合作过程中关键在于从外界输入缄默知识，因此企业与科研院所和高等院校之间形成密切的互动联系比松散的弱联系更有助于将社会资本转化为企业的智慧资本，从而提高产、学、研合作的质量。官、产、学、研之间知识的流通是国家创新系统所关注的主题，而社会资本在这个过程中起着非常重要的作用。从社会资本的观点出发，企业开展官、产、学、研合作旨在将社会资本转化为企业的知识资本。知识资本产生于资源的交换和组合。实质上，产、学、研合作的过程是一个交换和组合资源的过程。国外学术界认为产、学、研合作成功的标准是产、学、研各方创造知

① 陈劲、张方华：《社会资本与技术创新》，浙江大学出版社，2002 年。

识的能力以及知识流动与扩散的能力。产、学、研合作创新作为一种跨组织的现象，其动机是共享知识，而信任和社会资本对合作成效有很大影响，知识交换与共享则是信任和创新的基础。

关于企业社会资本的分类，学者们从不同的研究视角进行了划分，并阐述了企业社会资本的具体构成要素，为企业社会资本形成和作用机理的探讨奠定了基础。

目前已有文献对于企业社会资本构成的研究主要是在各自对企业社会资本进行分类及其内涵界定的基础上展开的，因而其划分的视角多样化、要素内容不统一，但是信任均在社会资本中被赋予了较重的分量。

第三节

“道”与社会资本管理创新

老子在《道德经》第 73 章说：“天之道，不争而善胜，不言而善应。”其本质意思是，上天的法则是：不用争斗却善于取得胜利，社会资本的本质是“不争而善胜”，但这个胜利不是争斗而来的，而是通过合作、联盟、组织网络来获取，其“善胜”的精髓是双赢；而社会资本的特点是“不言而善应”，在社会资本网络中的新观念、新技术不用去宣扬，其组织和个人会自愿响应和学习并传播；而通过社会资本形成的企业集群有“不召而自来”的发展过程，即通过社会资本网络而联结起来的产业和企业集群大多数是自然聚集自然形成的。

在日趋复杂的社会大系统中，任何企业都不是一个封闭的子系统，而是一个与社会系统不断进行信息、知识、能量等资源交换的开放系统。在现阶段，企业技术创新能力提高的一个先决条件是提高企业内部的技术积累和技术开发的能力；另一个条件是要充分利用企业的外部环境，不断加强与大学、科研院所、咨询机构甚至是竞争对手的技术合作。而要做到这一点，关键取决于企业是否具有良好的社会资本。社会资本是指行动主体与社会的联系以及通过这种联系摄取稀缺资源的能力。如果一个组织网络能够实现团结协作和友好合作，社会资本的“存量”就会不断增加，从而提高资源的配置效率。因此，要提高我国企业和国家的技术创新能力，知识的创造和获得、智力资本的形成和企业之间的技术合作都是不可缺少的。而要达到这些要求，社会资本的作用不可低估。

近年来，我国通过在全国各地建立高新技术工业园，高新技术企业通过自身的技术研究与开发，或政府实行优惠的政策鼓励外商在工业园建立研究与开发基地，中国的技术创新取得了巨大的进步。企业通过社会资本相互学习而获得新信息、新知识，不断地为企业的生存、发展与竞争提供动力。我国高新技术企业的社会资本及组织学习明显地影响了企业的技术创新绩效。

现实证明，社会资本是影响企业创新的关键因素。许多企业正在努力构建社会资本，有关社会资本是如何影响企业技术创新绩效的研究也逐渐被学者重视。在知识经济背景下，创新与学习对企业的发展至关重要。在动态竞争的发展环境中，企业家们认识到不仅要根据企业的核心知识和能力制定相应的竞争战略，同样也需要不断地进行组织学习，通过组织学习建立自身的竞争优势。因而组织学习能力越来越成为企业最重要的核心能力之一，是企业生存与发展的关键。

一、当代企业社会资本创新的特点

老子在《道德经》第 73 章所说：“不召而自来，坦然而善谋。”没有强制的号令而民众却共赴其事，从容坦然而善于筹谋布局。正是应验了当代企业社会资本的创新。

自熊彼特首次提出创新理论以来，企业创新的模式先后经历了线性模式、同步耦合模式、相互作用模式，并朝着系统观的模式发展。技术的发展和环境的不确定性，使得企业创新日益成为一种复杂性活动，单个企业很难独自完成越来越复杂的创新活动，因而寻求合作创新。在新经济中，创新更多是通过一种借助动态的生产关系或合作创造价值的网络，即通过“社会资本”来实现的。社会资本不仅与企业内部的知识产生相联系，同时也与企业间临时或长期有某种生产相关联结的知识交换相联系。更重要的是社会资本与企业的创新能力是密切联系的。社会资本能减少企业间知识交换的时间，企业间社会的、非正式的联系增加了企业间知识和信息的流动，促使从企业到其供应商及顾客的反馈信息也增加并加快，与同行熟人的联系和信任在开发新产品或新工艺的研发项目中具有明显重要的意义。

事实上，著名管理学家彼得·德鲁克和其他一些专家主张，在新经济中，一项重要的组织原则是网络、合伙与合作创业，其本质是指“社会资本”。

由于取消了价格管制，竞争日趋激烈，工业创新的重心正逐步从大型跨国公司下属的集中化著名实验室转向许多为这些大公司供货的中小公司。通过众多不断扩散的合作网络，在寻求技术与创新的原动力方面，各公司把注意力更多地转向社会资本，即转向供应商、客户与用户。

我们以美国为例来看社会资本在20世纪80年代以来是如何带来企业技术快速创新，并推动新经济极速增长的。70年代美国的公司联盟家数，在组织上仅有750家，但在1978~1992年短短5年内，新创建的公司联盟却猛增到20000家，从中可感知“社会资本”在新经济中的极速扩展。如在开发互联网有线电视方面，一些有线电视公司和许多软硬件公司合作开发一种可以连接互联网的新型有线电视信号转换盒（机顶盒）。同样，8家公司利用联邦、州与企业提供的资金在宾夕法尼亚州立大学创建了一家联营企业，共同研究供直升机驱动系统使用的新材料。

许多大公司削减了其中心研究实验室的规模，对这些研究机构重新定位甚至予以取消，同时减少了对基础研究的投入（1991~1995年，企业对基础研究的投资年递减4.6%）。

因此，与高校建立合作关系的企业成倍增长，合作规模也显著扩大。一个典型的例证是许多生物技术公司、研究实验室与高校纷纷建立正式合作关系。几十年来，在美国国家卫生研究院的资助下，高校及其所属机构利用650亿美元的研究经费，在创建生物工业方面发挥了极其重要的作用。在生物工业的发展过程中，制药公司、新建公司以及高校之间的合作关系发挥了关键作用，其形成的“社会资本”对美国生物工业的长远发展奠定了坚实的基础。

科学技术日新月异，大多数企业都会受到这种变革的影响。企业的对外关系已经演变为一种建设性活动，所有参与合作网络的公司都会从中受益，并长期共享其“社会资本”收益。以合伙制与联营企业形式出现的组织网络不断涌现，促进了美国经济的复苏。这种方兴未艾的创新网络模式将会创造丰厚的利润。

从社会资本的视角来看，一个运行良好的企业联盟，其具有的创新能力将超过网络中的个人乃至机构各自具有能力的总和。整体要大于个体之和。合作网络还会产生一种更具灵活性与创新性的新型价值创造模式。另外，企业联盟具有的创新能力还会吸引相关企业，进而发展成为由相关企业组成的“集群”，他们没有谁来号召而自愿聚集在一起，共赴其事，在共同的网络中从容坦然地学习吸收，善于对技术创新筹谋布局。正如迈克尔·波特指出的那样，这种企业间的“集群”融合了网络合作所具有的全部长处，与整个国家的竞争优势密切相连。如欧洲与日本的企业技术联合现象在过去10年中显著减少，但这一现象在美国却正在蓬勃兴起，尤其是在信息技术领域。

这一切不正是应验了老子的“不召而自来，坦然而善谋”吗?

二、企业社会资本的三个维度与管理创新

一些学者从知识的角度间接分析了企业社会资本对于技术创新的作用，认为组织间关系创造了获取和利用知识的机会。社会资本能促进组织间合作和组织间学习，促进企业的知识积累。与客户、供应商、竞争对手及其他非市场主体所组成网络和联盟可降低成本、风险，获得规模经济，减少新产品开发时间的有效途径。社会资本不仅与企业内部的知识产生相联系，同时也与企业外部临时或长期有某种生产相关联结的知识交换相联系。更进一步地，社会资本能减少企业间知识交换的时间。企业间社会的、非正式的联系增加了企业间知识和信息的流动，促使从企业到其供应商及顾客的反馈也增加并加快；与熟人的联系和信任在开发新产品或新工艺的研发项目中具有明显重要的意义。

企业社会资本的结构维度、关系维度和认知维度，对于企业的组织学习和技术创新绩效具有不同程度的影响。[①]

（一）社会资本结构维度与管理创新

结构维度主要是指企业联盟或网络成员之间联系的关系模式，关注的是网络成员间是如何联系起来的、他们联系的强弱以及网络的结构。这其中网络联系的强弱影响知识的存量，过程知识则主要受网络结构和网络联系强弱的影响。

强联结关系构成的密集网络保证了相互信任、规范、权威和制裁等制度的建立和维持。由于强联结主要产生于社会经济特征相似的社会群体中，有高相似度的个体所了解的事物以及经历的事件是类似的，比弱联结有更强的动力促进隐性知识的转移，这种动力是嵌于社会情感和信任中的。由此，通过网络成员的身份、重复的和持续的交换关系，网络成员获得知识的潜在条件被创造出来了，即企业通过网络联系特别是强联系，可能获得存在于网络或其他企业内部的知识。

---

① 蔡宁、王晓娟：《社会资本与企业竞争优势：基于知识的观点》，《技术经济》，2006年第10期。

但是与强联系相比，稀疏网络有利于增加网络中知识的存量，松散型稀疏网络的资源优势更多于紧密型网络，因为稀疏网络代表了更为开放的网络形态，拥有更多的结构洞，减少了冗余信息，关系的相对稀疏能够推动个体组织的流动、信息的获得和资源的汲取，有利于新信息的获取和创新能力的提高。

此外，企业在网络中的位置也影响着其获得知识的能力，拥有结构洞的企业不仅有机会接触到网络以外的新知识，而且也可以通过其在网络中的独特位置接近网络资源，发现更多的机会和威胁，也更可能找到潜在的合作伙伴，即企业具有效率提高、接近资源（信息或知识）和及时发现、应对机会和威胁三方面的优势。

（二）社会资本认知维度与管理创新

认知维度是指企业联盟或网络成员之间共享的目标和共享的文化，它们可以为网络成员提供共同理解的基础。网络的认知维度直接影响知识的传递，并通过增加网络成员间知识的共享，间接影响知识存量。由于网络成员间的异质性，知识特别是隐性知识在跨组织边界间的传递存在着认知上的障碍，减少或克服这种障碍的影响要求知识交换的主体处于相同或相近的背景中，以达成相似的理解、感知，而为使不同的行为主体处于此状态则需要行为主体拥有共同的目标。网络成员通过长期的合作可能形成一种基于对技术等领域的共同理解和学习的规则认同的信念，即通过相互合作和知识的共享将产生新的价值，这种信念的产生促使了成员间知识共享的可能性，也使得成员之间更加愿意与其竞争者分享有价值的知识，并且接受知识向竞争者溢出而引发的风险，而且由于成员间的合作通常是目的导向的，这样通过带着问题进行工作可以促进创新，共同解决问题的安排丰富了网络知识。

从文化共享的作用来看，通过网络成员间共享的文化，有助于消除由于文化背景不同引起的成员间沟通及合作的障碍，来自不同文化背景的合作伙伴组成的联盟中，相对于相同文化背景的合作伙伴，成员之间的学习和隐性知识的吸收设计更加困难。

（三）社会资本关系维度与管理创新

关系维度所关心的是企业网络成员之间的直接关系，信任、规范和认同都可以被用来描述关系维度。在规范存在并有效的地方，它就构成了社会资本强有力的形式，信任是影响企业之间进行知识转移和产生的一个重要因素。合作与信任之间是一个循环过程，相对于纯市场基础的交易，嵌入社会关系的商业交换，加深了未来交换所可以预期到的信任和互惠。最有用的信息不是通过组织中正式的命令链留下来的，也不能直接通过市场来获得，而是通过从过去进行交易的、相互信任的企业来获得。当然，信任关系也可以促进新知识的产生，增加知识的存量。这是由于良好的信任关系可以促使合作各方关注于共同的目标，更愿意参与合作性的社会互动，在新产品和新技术开发时有更多的安全感，形成一种良好的创新环境，提高创新的绩效。规范对于企业知识传递及产生的作用主要来自其有利于降低网络成员间的道德风险，减少网络成员间知识和信息交换的主要障碍。当网络中存在着某种暗含的产业规范和制度时，知识接收方利用所接收到的知识做出违背知识发送方利益的行为的风险将会减少。这种规范是支配企业之间非正式的知识交易，如机会主义行为受约束于严格的社会制裁。

知识能够通过跨组织的关系网络实现外部整合，这些网络为组织接近和整合新知识提供了有效率的机制。网络中的企业通过知识的传递、网络隐性知识的共享而享受着非对称的竞争优势，组织可以通过网络成员间的知识传递而获益。此外，关于集群企业的相关研究指出，集群企业相对于非集群企业由于享受着集群网络中蕴含着的共享性资源而获得竞争优势。

企业的社会资本可以从三个维度来认识的这一特征，以及三个维度之间的相互关系对社会资本的积累和创新管理具有重要启示意义：①企业必须重视三个维度的社会资本之间的相关性，协同它们之间的发展。社会资本的各个维度之间虽然可以相互促进，但绝不能相互替代，因此，企业既要关注与网络伙伴之间的信任程度，又要关注它们之间的认知相似性以及企业在网络中的位置，要使三个维度的社会资本共同发展。②企业要用三个维度视角对现有社会资本存量进行审计，分析各个维度的社会资本的表现情况，找出社会资本这一“木桶”中的“短板”，从而采取有的放矢的改善措施。③由于社会资本的各个维度之间可以相互促进，对企业来说，如果要提升某一维度的社会资本，不仅可以采取措施直接提升这一维度的社会资本量，还可以通过发展其他两维的社会资本，来间接地提升该维度的社会资本量。以企业的外部关系网络为例，如果网络中其他企业对本企业的信任程度较低，即关系维度社会资本较低，企业一方面要通过合作的态度和行为来直接提高伙伴成员对本企业的信任；另一方面，也可以通过提升在网络中位置的中心性，增强与网络伙伴对网络规范和网络文化的共同认知等方式来提高自己的可信性。

三、社会资本如何提升企业核心竞争力

企业的社会资本通过对人力资本和智慧资本的提高，增强了企业的竞争优势。为使社会资本提升企业核心竞争力的作用能更好地发挥，下面从人力资源管理和组织建设方面提出有利于把社会资本建设成为组织能力的几种有效方法：

（一）招聘中关注社会资本

如何在招募中使用社会资本，发现人才和留住人才，这是当代企业提升核心竞争力的重要途径。这样推荐不仅可以增加应聘的人数，使组织能够招聘到合适的员工，而且可以降低甄选成本。把社会资本建设成为企业核心竞争力就要求企业根据应聘者的社会关系网络情况来决定是否录用。在某些行业社会关系网络显然非常重要。如保险公司就是非常重视人际关系和企业关系网络的行业。事实上，社会关系网络对于所有行业、企业和组织都至关重要，招聘时，首先要考虑工作需要哪种类型的社会关系网络，然后可以采用性格测试、社会人际测量等方法衡量评估应聘者的社会资本及其质量，以选择到社会资本质量较高的应聘者。

（二）建立员工沟通的空间

大多数组织的自然结构都应关注其对内部社会关系网络建设的影响，以有利于产生良好的沟通效果。微软公司为了鼓励员工进行人际互动，在微软校区（Microsoft Campus）广设餐厅，这些餐厅的食物都由公司提供补贴。日本公司早就认识到了组织自然结构对社会关系网络的影响，因此用开放的办公室格局来推进人际间的相互交流和沟通。

（三）采取工作轮换计划

建立起开拓型社会关系网络，思想融合、知识传递超越正规的组织界线；培养开阔的多学科视角等，这是工作轮换计划的主要优势。实行工作轮换计划应避免出现“无秩序职责转移”，即造成职责的数量多于现有的合格人选，使专业人士和管理人员迅速转换职责。这会产生灾难性的后果，如丧失组织记忆、工作分配缺少连续性、对项目或所制定的规则缺乏全程跟踪等。如职责转

移得过于迅速、杂乱，就可能失去工作轮换所带来的好处，因此制定政策和计划来控制工作轮换的速度和模式是非常必要的。

（四）组建跨部门工作团队

组建跨部门工作小组，使之替代原有的职能单位而成为新型组织结构的基本组成部分，这同样是侧重社会关系网络建设的有效举措。跨部门工作团队能够起到沟通各群体的作用，所实施的是“联合”策略。团队成员所具有的技能可以相互补充，并致力于共同的目标和业绩、共同承担责任，成员的活动具有共同的工作重点，使组织能够建立起跨越职能单位、跨越专业知识范围的社会关系网络。

（五）培育实践社团

实践社团是由具有共同的兴趣、同样的问题或者对同一话题有热情的一群人所组成的，旨在通过组成团体，相互影响、加深对某一领域的知识和专业技术的理解。社团成员在信任的基础上，通过频繁、双向的交流和合作，将创造共同的理解、新的协同作用和创新性理念。实践社团所形成的相互交流、相互信任的社会资本，促使显性知识与隐性知识之间以及二者内部的转化与创新更为容易，整个企业因此将变得富有创造力和创新能力。因此实践社团也是组织学习和认识能力的基础。

（六）办好企业大学

建立和运用社会资本需要作出行为和态度上的变化，教育机构是人们学习、观察、研究和实践新行为的关键场所。通用电气公司纽约克罗顿维尔管理教育中心也许是最广为人知的一个范例。该中心为其前首席执行官杰克·韦尔奇制定策略，为不断完善这个庞大的公司发挥了重要作用。韦尔奇每月去克罗顿维尔两次，每年要在那里和公司的1000多名行政人员和管理人员谈话，并为他们授课。“把社会资本建设成为组织能力”意味着要为“建立开拓型社会关系网络”和“运用社会资本”定期提供意义深远的培训机会，使员工可以选择各种函授课程和学习模式。

（七）外部社会资本网络

利用外部社会资本网络可以把组织的内部生活和其所处环境联系在一起，

打破组织与客户、供应商之间的界限。外部社会资本网络的侧重点包括客户关系、供应商伙伴关系、与竞争对手的企业联盟关系、董事会成员身份等。如企业可以社会资本为纽带，加强企业的战略联盟。战略联盟是一种较紧密的跨企业网络，它有助于增强联盟企业之间的互信和在互信基础上的协作。一般认为，战略联盟的形式有研究开发联盟、制造生产联盟、联合销售联盟和合资企业联盟四种。不论哪种形式的联盟，都可节省联盟企业之间的交易费用，增加企业的共同利益。而从企业之间共享技术资源从而加快企业技术创新的角度看，研究开发联盟、制造生产联盟和合资企业联盟则是有效形式。尤其是研究开发联盟，包括企业与高等院校、科研机构和其他企业之间的研究开发联盟，是企业建构跨企业技术创新网络的重要选择，它有助于解决长期以来存在的科技与经济“两张皮”的问题，促进科技与经济的紧密结合；有助于发挥高等院校、科研机构和企业各自的优势和积极性，加强应用型技术的开发，加快科技成果向现实生产力的转化。

（八）关注社会资本的收益与成本

企业社会资本能够为企业带来竞争优势，但它本身必须是有效率的，因为社会资本与物质资本、人力资本、智慧资本等一样，都有投入产出的问题。社会资本的一个很重要的特性是其有目的性，它以社会关系网络为载体，只有当社会关系网络能够使企业获得所需要的资源，并且获得这些资源的收益大于成本，从而达到了企业的目的时，这些社会关系网络才能为企业产生社会资本；而相反，如果利用这些社会关系网络不能达到企业的目的，它们就为企业产生了社会负债（Social Liabihty）。为了避免企业的社会资本变成社会负债，在社会资本的建立与发展过程中，关注其收益与成本的对比是很重要的。企业社会资本的收益主要体现在企业通过在社会关系网络中的合作以及在关系网络中的位置能够获得更多更好的其他资源（如物质资源、信息、知识等）、能够提升这些资源的协同价值、节约这些资源获取过程中的交易成本等。企业社会资本的成本主要是社会关系网络的建立与维护成本。它包括企业在各个层次的关系网络中为增进关系中的信任、承诺、规范等的发展，以及为建立关系结构和提升在关系网络中的位置而投入的经济资源和时间、精力等。除了要关注这些实际成本，企业还要分析社会资本的机会成本，即为获得现有社会资本而进行的投入，如果运用到其他的关系网络所产生的社会资本量。如果企业所嵌入的社会关系网络为企业产生了社会负债，或即使为企业产生了社会资本，但机会成本过高，企业都要考虑对社会关系网络进行路径创新，可以采取的措施包括在现有关系网络中，调整对各层次、各维度的社会资本的发展策略，从而改变现有网络的关系质量和关系结构，或者离开原关系网络而进入一个新的网络等。

案例分析：格力电器的企业社会资本、组织学习与经营绩效①

一、企业背景

格力电器位于广东省珠海市，是目前全球最大的集研发、生产、销售、服务于一体的专业化空调企业，业务遍及全球90多个国家和地区，拥有六大生产基地4万多名员工；至今已开发出包括家用空调、商用空调在内的20大类、400个系列7000多个品种规格的产品；拥有技术专利近2000项；拥有以低碳、节能、环保为共同落脚点的三项核心技术：“新一代G10低频控制技术”、“高效离心式冷水机组”和“新型超高效定速压缩机”。格力电器从1991年只有1条简陋的、年产量不过2万台窗式空调的生产线起步，到2011年全年营业收入超过800亿元，引领我国整个空调行业。

二、格力电器的社会资本、组织学习与经营绩效

格力电器得以快速发展的核心秘诀有两个：一是技术创新；二是营销创新。格力非常注重市场导向，致力于提升自身组织学习能力进而改善组织绩效。因此，格力的组织学习亮点在于对商业网络资源的充分探索、深度挖掘，以及对企业内部社会资源的充分利用。具体社会资本类型与组织学习方式的整合主要体现在以下方面：

（一）外部社会资本与探索式学习

1. 政治网络

空调行业经历了由起步到无序竞争再到成熟竞争的阶段，整个行业的市场化程度比较高。格力电器正是由于其行业竞争性的特征，使得其对政治网络尤其是对政府的依托程度并不高。格力在其成长历程中，更多的是依靠对市场和技术的掌控来实现自身高速发展的，一个值得注意的现象是：国有股权随着企

---

① 本文摘引自邱伟年发表于《学术研究》2012年第6期《企业社会资本、组织学习与经营绩效：转型升级的机制和路径——对格力电器案例的研究》一文。

业发展不断稀释，而与此相对应是管理层持股的不断增加，格力电器的政治网络对于探索式学习，更多是政策信息层面的支持与获取。如加入广东省家电商会，与政府的互动呈现出更多是业务和管理上的行政互动，没有进入到企业的更深层次，影响到企业的业务决策和战略定位。

2. 商业网络

格力电器对于商业网络的充分挖掘是非常到位的，是其通过外部社会资本开展探索式学习的重要渠道，而且其与商业网络中各主体的关系是非常稳固和具有建设性的，是基于利益共同体的战略合作伙伴关系，除了银行外，格力电器外部商业网络的主要对象包括供应商、客户、竞争对手、经销商和科研网络。

（1）供应商。2004 年格力电器与宝钢和攀钢签署战略合作协议，双方在协议中涉及在钢材供应、技术开发、钢材加工、物流管理、企业管理等方面的总体合作框架，对攀钢更是深入到全方位的合作与共享，令人瞩目的是：双方的学习互动与合作进入了企业最核心的技术研发领域。

（2）客户。珠三角被称为世界的制造中心，具有很高的对外依存度，格力电器的很多创新都来自国际客户的需求和压力，客户是格力存在的全部理由，它使格力不断改进技术以迎合客户的个性化需求（探索式学习），并促成了技术的不断更新换代乃至企业的升级转型，与市场的亲密接触本质上是在实现对一个客户群的技术、质量和服务的承诺，不同的市场由于环境的差异，对空调有着不同的技术要求，格力电器对市场的敏锐意识和开拓精神，通过对市场的快速反应（探索式学习），进而通过内部持续的技术研发投入（利用式学习）将两种学习方式进行高密度结合，技术不断提升，从而迅速占据市场。

（3）竞争对手。格力通过 OEM 与国内、国际竞争对手的博弈互动参与到国际竞争体系中，充分利用制造成本低的竞争优势，获得了松下、大金、惠尔浦、开利、西门子等多家跨国公司的加工订单，成功打入国际主流市场。格力进行探索式学习有效提升了自身的生产工艺、管理水平和自主研发能力，逐渐熟悉了国际游戏规则，并通过深入的互动建立了彼此的信任和承诺等，掌握了行业技术核心，力推自主品牌，促进企业在高竞争水平上的可持续发展。

（4）经销商。独创性的区域销售公司模式是格力的一张“王牌”，是与经销商不断博弈的过程中，通过探索式学习而获得的组织知识。忠诚的经销商队伍和畅通可控的销售渠道是格力电器开疆拓土的利器，保护经销商合理利益并保护广大消费者利益，则是该模式的出发点和落脚点；通过转让 10% 的股权引进格力经销商作为格力电器的战略投资者，建立一种产权关系，从制度上将经销商与格力电器的利益牢牢捆绑在一起，形成利益共同体。

(5) 科研网络。格力的技术研发非常独立，这源于三方面的原因：一是格力的领导者比较崇尚实干，对科研网络的实力和对企业的作用和意义持怀疑态度；二是格力经历了技术引进遭拒的痛楚以及独立研发技术成功之后的收益；三是相应的行业尖端技术由科研网络掌握的比重较小，格力更倾向于内部自主研发，其通过科研网络开展探索式学习提升组织绩效的活动不多。

(二) 内部社会资本与利用式学习

在格力电器内部社会资本中，所有网络都聚焦服务于技术和市场，不论是质量控制组织体系还是管理组织体系；不论是互动的质量还是强度，都非常充分和深入，格力各个部门围绕的中心和重点非常明确，使得其内部协调和导向都非常清晰和高效率，在技术自主创新各个环节中最为关键的是科技经费的投入，仅 2008 年的科技投入便达到了 7 亿元。目前，格力电器已经培养了一支由数百名博士、硕士等组成的，国内一流的空调技术研发队伍，其中还引入了多名外国专家。2002 年，格力的研发人员仅用了一年时间就成功研制出中国第一台具有自主知识产权的变频一拖四空调机组，其后相继设计开发出了拥有自主知识产权的“GMV 变频多联”系列和“GMV 数码多联”系列空调。

中高层科技管理人才全部自己培养。目前，格力电器不仅有专门的技术开发部门，而且成立了三个理论性基础研究院：制冷研究院、机电研究院和家电研究院。这些研究院不参与产品开发，只从事基础性理论研究，研究空调业 3~5 年甚至 10 年后的技术，格力组建了国家节能环保制冷设备工程技术研究中心，总投资 1.63 亿元，是空调行业唯一的国家级工程技术研究中心。

在管理创新方面，格力通过内部组织协调来实现，以新产品研发为龙头带动内部管理创新，提升企业综合绩效。

三、评价与总结

本案例通过一个全新的研究视角，打开社会资本、组织学习与企业绩效之间的作用机制“黑箱”，并解释了三者的对应关系、内在作用机理和路径。通过对格力电器的案例研究，对其社会资本和组织学习逻辑的解构，可以清楚地看到：格力电器的成功转型升级是与其有效利用内外部社会资本开展相应的组织学习密不可分的，一方面，格力强调探索式学习，同时加强外部社会网络建设；另一方面，也不忽视利用式学习，注重内部资本的积累。由此给企业带来的结果是：一方面企业新产品开发带动企业综合绩效上升；另一方面综合绩效的提升又使得企业有更多财力支持新产品、新技术研发，促进新产品开发绩效，形成良性循环。当然，对格力电器的现状和战略定位而言，外部社会资本、探索式学习、新产品开发绩效的模式已经趋于成熟。无论是前期跟经销商还是后来与大金公司的战略合作都显示出非常明显的效果。企业未来发展壮大要解决的下一个迫切问题就是要如何进一步强化内部社会资本、利用式学习、企业绩效的路径效应。即如何把人力资源管理、企业文化、培训体系进行整合，以保障和加强利用式学习的中介效应，更好地改善产品的质量和服务的水平，更快地提升企业综合绩效。

后　记

岁岁重阳，今又重阳，青山湖畔的栾树又到了灿烂似火的季节。在2014年重阳节来临之际，我终于完成了这本20多万字的小册子。

十几年来，我的理论之旅是孤独的，虽然有些时候如森林中寂静的泉塘，偶尔被人发现，并泛起粼粼波光，但很快又归于平静，继续在内心寻找与遐想，偶有顿悟，欣喜若狂。这在我顿悟到三生万物与资本三要素的隐喻、划分企业资本的“阴阳”（虚实）分界、构建实体资本与虚拟资本“阴阳”结构模型、提出企业“资本太极图”与新的资本循环观时，都有此种感受。

千百年来，《易经》与《道德经》中那些古代先贤的智慧犹如无尽的宝藏，吸引着无数中外仁人志士去挖掘、去思考。那些深藏在《易经》、《道德经》中的隐喻，为西方一些大科学家所感悟，以致他们获得了灵感，创立了新的理论或为自己的理论找到了精神支柱。如1703年，莱布尼茨感悟到《周易》中阴爻和阳爻的0和1的隐喻时非常兴奋，现在二进制成了当代信息社会的基础。老子关于万物皆“负阴而抱阳”的隐喻，使量子力学领袖玻尔更加坚定了对微观世界波粒二象性的信心，提出了著名的“互补性原理”。1974年诺贝尔经济学奖得主、自发秩序理论创始人、奥地利社会经济学家哈耶克认为，道家“我无为，而民自化；我好静，而民自正”，是其自发秩序理论的经典表述。1977年诺贝尔奖获得者、耗散结构理论创始人普利高津也指出，耗散结构理论“对自然界的描述非常接近中国道家关于自然界中的自组织与和谐的传统观点”。1910年，德国人尤利斯·噶尔在《老子的书——来自最高生命的至善教诲》一书中说：“也许是老子的那个时代没有人真正理解老子，或许真正认识老子的时代至今还没有到来，老子已不再是一个人，不再是一个名字了。老子，他是推动未来的能动力量，他比任何现代的都更加具有现代意义，他比任何生命都更具有生命的活力。”“道家”的现代意义正随着时代的发展，日益彰显。

对于以数理模型和案例分析为主流的当代经济学研究与管理学研究来说，我的研究是另类的，在某些正统学者看来这些东西有点八卦。由于我的研究是建立在中国传统哲学基础上的，与《易经》、《道德经》息息相关，所以，这些年在申请研究课题、发表论文方面困难颇多。我明白，这种跨越东西方思维方式和学术理论的原创，是很难被人接受和理解的。但我有一个坚定的信念：这种基于东方哲学的研究是有价值的，它应该更接近事物的本原。通过《易经》、《道德经》，我试图从哲学上揭示经济学和管理学一些深层次的东西，而我的这种努力在一些国际学术研讨会上也得到国内外一些学者的肯定。2012年我的有关论文入选在澳大利亚布里斯班召开的第14届熊彼特经济学会会议（也是著名的熊彼特经济学奖颁奖会），并收到会议邀请函，尽管由于经费等客观原因未能成行，但这无疑坚定了我继续研究的信心。

值本书付梓之际，首先，要感谢江西财经大学副校长吴照云教授。作为中国管理学界的著名学者，多年来吴照云教授大力弘扬东方管理思想，组织带领一批有志于研究探索中国传统管理思想的中青年学者，以国学为基础，解读中国传统文化中的优秀管理思想，系统挖掘整理中国传统管理思想，出版了一大批学术研究成果。本书有幸列入他主编的《中国管理思想精粹丛书》，在写作过程中，多次得到他的垂询，并对本书提纲、章节提出了建设性意见和建议。其次，要感谢江西财经大学原党委书记伍世安教授。在我当年初涉道家与经济学、管理学问题研究时，他在百忙之中审阅我的论文，并多次交流，得到了他极大的鼓励和鞭策。再次，要感谢江西财经大学中国管理思想研究团队的同仁们，他们多次参加本书提纲的讨论，许多宝贵建议使我深受启发。最后，要感谢我的妻子沈健在写作过程中对我的大力支持和鼓励。

“道可道，非常道。”“道”如果能用语言表述，那它就不是永恒的“道”，哲学科学家库恩说，科学理论的发展总是新范型代替旧范型的过程，不同范型的科学家看到的是不同的世界。但愿本书所持的主要观点，能为学界同仁提供一个新的理论视角。本书还有许多不足之处，还望读者不吝赐教并致函，我的邮箱是：E-mail：xum89@ 163. com。

徐　鸣

2018 年 10 月

于南昌青山湖畔山静斋